AURÉLIE BASTIAN

# BACKT

AURÉLIE BASTIAN

# BACKT

*Meine besten Kuchen, Torten und Tartes für jeden Anlass*

südwest

# Inhalt

S. 18: Kapitel 1 – Kuchen

S. 21: Marmorkuchen mit Käsekuchenfüllung

S. 22: Chinois mit Obst

S. 25: Savarin

S. 26: Schokoladenkuchen mit Äpfeln

S. 29: Charlotte aux pommes (Apfel-Charlotte)

S. 30: Apfelkuchen ohne Boden

S. 33: Gesunder Haferflockenkuchen

S. 34: Süßkartoffelkuchen mit Vitaminen

S. 37: Vite fait à l'orange

S. 38: Zitronen-Mohn-Kuchen

S. 41: Clafoutis mit Aprikosen und Lavendel

S. 42: Far breton mit Buchweizenmehl

S. 45: Gâteau breton Bretonischer Kuchen

S. 46: Reiskuchen mit Orangenblütenwasser

S. 49: Tourteau fromager

S. 50: Broyé du Poitou

S. 53: Matschepampe-Kuchen

S. 54: Fondant aux amandes

S. 57: Schokoladenkuchen mit flüssigem Kern

S. 58: Extraschokoladiger Marmorkuchen

S. 60: Kapitel 2 – Torten

S. 62: Biskuitrollentorte mit Erdbeeren & Basilikum

S. 66: Charlotte mit Erdbeeren

S. 69: Erdbeertorte

S. 70: Blaubeertorte

S. 73: Himbeer-Melonen-Torte

S. 74: Joconde-Torte mit Himbeeren und Pistazien

S. 77: Zitronentorte

S. 81: Windbeuteltorte mit Maronenfüllung

S. 85: Crème-brûlée-Torte

S. 86: Saint-Tropez-Torte

S. 89: Mille-feuille

S. 90: Succès mit Pistazien

S. 93: Pariser Kranz

S. 94: Eistorte – »Omelette norvégienne«

S. 97: Haselnusstorte

S. 98: Paris–Brest

S. 101: Opéra-Torte mit Nussnougat

S. 105: Eierlikörtorte

S. 106: Marquise au chocolat

S. 109: Concorde

S. 110: Béret-basque-Torte

S. 112: Trianon oder Royal – Schokoladentorte

S. 114: Kapitel 3 – Tartes

S. 116: Tatin aux pommes – Apfeltarte

S. 119: Schwarzwälder-Kirsch-Tarte

S. 120: Deutsch-französische Tarte mit Pflaumen

S. 123: Aprikosen-Kokosnuss-Tarte

S. 124: Rhabarber-Tarte graphique

S. 127: Salzbutter-Karamell-Tarte

S. 128: Croustade

S. 131: Flan pâtissier

S. 133: Kapitel 4 – Besondere Anlässe

S. 134: Faschingstorte

S. 137: Ostereier-Kuchen

S. 138: Osternest-Kuchen

S. 141: Möhrenkuchen

S. 142: Herztorte zum Muttertag

S. 146: Pfingstkuchen – »Le Colombier«

S. 149: Zauberwürfel-Kuchen

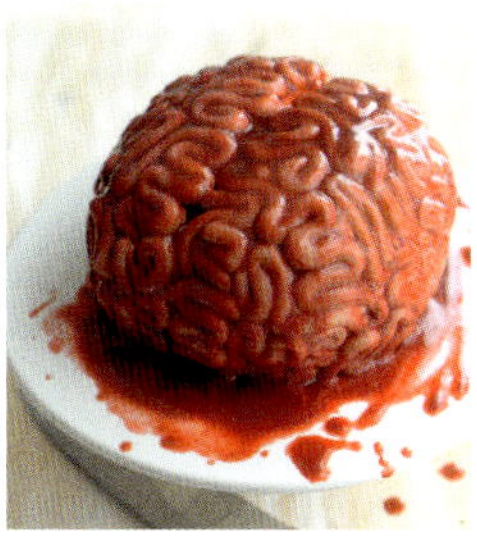
S. 150: Gehirn-Kuchen

S. 153: Zauberkessel-Kuchen

S. 157: Iglu-Kuchen

S. 158: Weihnachts-kugel-Kuchen

S. 161: Adventskranz-Kuchen

S. 162: Nougat glacé

S. 165: Pavlova-Torte

S. 166: Vacherin-Torte

S. 169: Bûche de Noël aux Marrons

S. 170: King Cake

S. 173: Galette des Rois

# Vorwort

Bonjour und willkommen in meiner Küche! Ich freue mich, euch in meiner kreativen Welt empfangen zu dürfen. Ich bin mir sicher, ihr werdet hier viele leckere Momente erleben. Seit mehr als zehn Jahren präsentiere ich nun regelmäßig Rezepte aus meiner Heimat auf meinem Blog www.franzoesischkochen.de und im Fernsehen.

In diesem Buch habe ich die besten Kuchen-, Torten- und Tartes-Rezepte aus dem Blog und den Backsendungen für euch ausgesucht und sie mit exklusiven Kreationen ergänzt. Natürlich kann man viele Rezepte online finden. Ich finde aber – und das aus eigener Erfahrung –, dass ein schönes Backbuch, in dem man blättert, Seiten markiert und Notizen hineinschreibt, viel mehr dazu animiert, etwas Neues auszuprobieren.

Es war mir wichtig eine große Auswahl mit abwechslungsreichen Rezepten zusammenzustellen: Es sollte etwas für Klein und Groß dabei sein, ausreichend richtig gute Rezepte mit Schokolade, aber auch viele Rezepte mit Obst. Gesunde Alternativen schaden auch nicht. Kreative Ideen für Feiern und andere festliche Anlässe sind ein Muss. Und ein paar Spaß-Rezepte dürfen natürlich auch nicht fehlen. Ich sage nur »verbrannter Kuchen«! Und das wichtigste Rezept von allen ist natürlich das für euren nächsten Lieblingskuchen!

Egal, ob ihr Neulinge oder Profis in der Welt des Backens seid, ich habe dieses Buch für euch geschrieben. Mit detaillierten Anleitungen und Tipps begleite ich euch Schritt für Schritt auf eurer Backreise.

In diesem Buch findet Ihr Rezepte für eure ganze Familie, und ich kann mich nur dafür bedanken, dass ich euch inspirieren darf.

Merci und viel Spaß beim Nachbacken,

eure Aurélie

# Basics

## Backblech

Gefüllt mit Wasser auf der untersten Schiene des Backofens: hilft dabei, dass feste Kuchen (Marmorkuchen, Brioche, Hefeteig, Brot ...) besser aufgehen, fluffig und saftig werden.

## Backen

Immer Umluft und auf mittlerer Schiene.

## Backformen aus Metall

Immer mit Butter bestreichen und mit Mehl bestäuben. Bei einem Schokoladenkuchen sollte das Mehl durch Backkakao ersetzt werden.

## Backformen aus Silikon

Sind einfach zu benutzen und müssen nicht eingefettet werden. Bei Torten- oder Eisrezepten lösen sich die Kreationen einfacher aus der Form.

## Backofen

Immer vorgeheizt.

## Boden blindbacken

Backpapier auf den Teig geben (auch an die Ränder) und mit 400 g Hülsenfrüchten beschweren. Den Boden bei 180 °C (Umluft) 10 Minuten backen. Hülsenfrüchte und Backpapier entfernen und 10 weitere Minuten backen.

## Butter

Ich arbeite nur mit mild gesäuerter Butter mit mindestens 80 % Fett und ohne Zusatzstoffe (keine Margarine oder streichzarte Butter).

## Coulis

Pürierte Obstcreme ohne Kerne oder Stückchen (zum Beispiel Himbeer-Coulis: Himbeeren aufkochen, mixen und durch ein Sieb geben; Melonen brauchen nicht aufgekocht zu werden).

## Crème pâtissière

Basiscreme in der Patisserie. Sie wird auf dem Herd bei ständigem Rühren auf eine Temperatur von 82 °C bis maximal 85 °C erhitzt. Dann bindet die Creme und wird dickflüssig. Zum Abkühlen immer direkt im Kontakt mit Frischhaltefolie bedecken, um zu verhindern, dass sich auf der Creme eine Haut bildet.

## Digitale Waage

Ein Muss in der Patisserie, wenn man kleine Mengen unter 20 g messen muss. Für präzisere Angaben wiege ich auch Sahne und Milch.

## Frischhaltefolie

Wird sehr oft benötigt. Alle Cremes sollten mit Frischhaltefolie bedeckt werden, damit sie nicht austrocknen und keine feste Haut bekommen. Auch Tortenringe sollten mit Frischhaltefolie ausgelegt sein, damit man die Torte später einfach herausnehmen kann.

## Ganache

Creme aus Schokolade und Sahne: Schokolade und Sahne schmelzen, abkühlen lassen und kurz aufschlagen.

## Gelatine

Ich bevorzuge kalt lösliche Sofortgelatine, da sie für kalte Massen einfacher zu benutzen ist. Es gibt auch Gelatine aus Rind oder Agar-Agar als Alternative.

## Mascarpone

Um Schlagsahne Halt und Konsistenz zu verleihen, gebe ich gerne etwas Mascarpone mit in die Creme. So braucht man kein Sahnesteif oder andere Zusatzstoffe. Der Mascarpone wird vorher mit 2–3 EL Sahne cremig gerührt, um Klumpen zu vermeiden.

## Mehl

In der Patisserie verwendet man meistens Weizenmehl Type 405 (außer in speziellen Rezepten).

## Milch

Vollmilch oder Milch mit 1,5 % Fettgehalt.

## Sahne

Frische Schlagsahne mit mindestens 32 % oder 34 % Fettgehalt.

## Schneebesen

Ich arbeite prinzipiell mit einem Schneebesen, egal ob als Aufsatz an der Küchenmaschine oder per Hand. Beim Schlagen oder Rühren ist der Schneebesen gefragt.

## Schneeflockensymbol

Rezepte, die mit einer Schneeflocke gekennzeichnet sind, können eingefroren werden.

## Schokolade

Es sollte nur Kakaobutter als Fett in der Zutatenliste vorkommen, keine anderen pflanzlichen Fette.

## Schokolade schmelzen

Mikrowelle: Schokolade klein hacken und in eine mikrowellengeeignete Schüssel geben. Bei niedriger Wattzahl für 20–30 Sekunden in die Mikrowelle geben und umrühren. Diesen Vorgang etwa dreimal wiederholen, bis die Schokolade geschmolzen ist.

Wasserbad: Einen Topf zur Hälfte mit Wasser befüllen. Das Wasser erhitzen (nicht kochen). Die Schokolade klein hacken und in einer hitzebeständigen Schüssel auf dem Topf platzieren, sodass der Schüsselboden das Wasser nicht berührt. So lange umrühren, bis die Schokolade geschmolzen ist.

## Schokoladenfolie

Spezielle durchsichtige Folie, um Backformen auszulegen. Kann durch Frischhaltefolie oder Backpapierzuschnitte ersetzt werden.

## Teigschaber

Immer verwenden, wenn es um vorsichtiges Unterheben geht.

## Vanille

Mein Favorit ist echte Bourbonvanille oder Bourbonvanille-Extrakt. Man kann aber genauso gut Vanillezucker verwenden.

## Zuckerthermometer

Hilfreich, um beim Zubereiten von Baisers und Cremes die genaue Temperatur zu messen.

KAPITEL 1

# KUCHEN

# Marmorkuchen
## mit Käsekuchenfüllung

*Backform aus Silikon, Durchmesser: 24 cm*
*Für 8–10 Personen*

**Marmorkuchenteig**
- 150 g Butter (zimmerwarm)
- 220 g Zucker
- 3 Eier (Größe M)
- 40 g Backkakao
- 300 g Weizenmehl (Type 405)
- ½ Tütchen Backpulver
- 100 g Joghurt
- 80–100 ml Milch

**Käsekuchenfüllung/ Käsekuchenteig**
- 2 Eier (Größe M)
- 50 g Zucker
- 35 g Speisestärke
- 750 g Quark (40 % Fettgehalt)
- 1 TL Vanilleextrakt

**Glasur**
- 250 g Zartbitterschokolade (66 % Kakaogehalt)

**Marmorkuchenteig**

* Butter und Zucker cremig schlagen. Eier nach und nach unterrühren. Kakao, Mehl und Backpulver zum Teig geben und kurz unterrühren. Joghurt und Milch hinzugeben und alles cremig rühren.

**Käsekuchenfüllung/Käsekuchenteig**

* Eier und Zucker aufschlagen, bis die Masse weiß wird. Speisestärke hinzugeben und einrühren. Zuletzt Quark und Vanilleextrakt einrühren.

* Zwei Drittel des Marmorkuchenteigs in die Backform geben. Am Boden sowie an den Seiten der Form verteilen. Die Käsekuchenfüllung in die Mitte der Form geben. Vorsichtig den restlichen Marmorkuchenteig darauf verteilen.

* Ein Backblech mit 500 ml Wasser befüllen und auf die unterste Schiene des Backofens geben. Den Kuchen auf einem Gitter in der Mitte des Backofens platzieren und bei 180 °C (Umluft) 60 Minuten backen.

**Glasur**

* Schokolade schmelzen.

* Den Kuchen aus der Backform nehmen. Geschmolzene Schokolade in die noch warme Form pinseln. Den Kuchen zurück in die Form geben, leicht andrücken und abkühlen lassen.

**Tipp**

* Die Form reichlich mit Schokolade auspinseln! Mehr ist besser bei diesem Rezept. So lässt sich auch der Kuchen einfacher aus der Form nehmen.

# Chinois
## mit Obst

*Runde Backform, Durchmesser: 26 cm*
*Für 6–8 Personen*

**Hefeteig**
- 500 g Weizenmehl (Type 405) + etwas mehr für die Arbeitsfläche
- 60 g Zucker
- 1 TL Vanilleextrakt
- 1 Ei (Größe M)
- 15 g frische Hefe
- 250 ml Milch
- 60 g kalte Butter

**Füllung**
- 300 g TK-Himbeeren (aufgetaut)
- 40 g Zucker

**Glasur**
- 75 g Puderzucker
- etwas Milch

**Außerdem**
- etwas Butter zum Einfetten der Backform
- ca. 1 EL Mehl zum Bestäuben der Backform

**Teig**
* Mehl, Zucker, Vanilleextrakt und das Ei in einer großen Schüssel vermischen. Hefe in der Milch lösen, zum Teig geben und kneten. Butter in kleinen Stückchen zum Teig geben und weiterkneten, bis sich der Teig vom Schüsselrand löst. Den Teig zu einer Kugel formen, mit einem feuchten Tuch abdecken und 1 Stunde gehen lassen.

* Den Teig auf einer bemehlten Arbeitsfläche 1 cm dünn ausrollen.

**Füllung**
* Aufgetaute Himbeeren auf dem ausgerollten Teig verteilen und mit Zucker bestreuen.

* Den Teig von der langen Seite her einrollen und in 4 cm dicke Scheiben schneiden.

* Die Backform mit Butter einfetten und mit Mehl bestäuben. Die Scheiben darin platzieren und 30 Minuten gehen lassen.

* Ein Backblech mit 800 ml Wasser befüllen und auf die unterste Schiene des Backofens geben. Den Chinois im vorgeheizten Backofen bei 180 °C (Umluft) auf mittlerer Schiene 35 Minuten backen.

**Glasur**
* Puderzucker mit etwas Milch mischen und damit den abgekühlten Chinois verzieren.

**Tipp**
* Das Rezept basiert auf meinem Lieblings-Brioche-Rezept. Den Teig kann man am Vorabend vorbereiten, im Kühlschrank gehen lassen und morgens dann rausnehmen und frisch zum Brunch backen!

# Savarin

*Savarin-Backform, Durchmesser: 24 cm*
*Für 10–12 Personen*

**Brioche**
- 42 g frische Hefe
- 250 ml Milch
- 500 g Weizenmehl (Type 405)
- 50 g Zucker
- ½ TL Vanilleextrakt
- 1 Ei (Größe M)
- 60 g kalte Butter
- etwas Milch zum Bepinseln

**Sirup**
- 300 ml Wasser
- 150 g Zucker
- 2 EL brauner Rum
- 1 Vanillestange

**Creme**
- 250 g Mascarpone
- 150 g Sahne
- 50 g Puderzucker
- ½ TL Vanilleextrakt

**Außerdem**
- 250–300 g frische Früchte nach eigener Wahl

**Brioche**

* Frische Hefe in die Milch bröseln und darin auflösen. Mehl, Zucker und Vanilleextrakt vermischen. Ei und Milchmischung hinzugeben. In einer Küchenmaschine mit Knethaken verkneten. Butter in kleinen Stückchen hinzugeben und weiterkneten, bis sich der Teig vom Schüsselrand löst.

* Den Teig 30 Minuten gehen lassen. Zu einer Kugel formen, in die Backform legen und weitere 30 Minuten gehen lassen.

* Ein Backblech mit 800 ml Wasser befüllen und auf die unterste Schiene des Backofens geben. Die aufgegangene Brioche mit Milch bepinseln und auf mittlerer Schiene bei 180 °C (Umluft) 35 Minuten backen.

**Sirup**

* Wasser, Zucker und Rum in einen Topf geben. Die Vanillestange längst halbieren, das Mark herauskratzen und das Vanillemark sowie die Stange in den Topf geben. Alles köcheln lassen, bis sich der Zucker vollständig aufgelöst hat. Den Sirup abkühlen lassen und die Vanillestange entfernen.

* Die noch warme Brioche in der Form mit dem abgekühlten Sirup nach und nach übergießen. Den Kuchen abkühlen lassen.

**Creme**

* Mascarpone mit 2 EL der Sahne verrühren. Restliche Sahne, Puderzucker und Vanilleextrakt dazugeben und alles cremig schlagen.

* Den Kuchen auf einer Servierplatte platzieren. Mit der Sahnecreme und Früchten dekorieren.

**Tipp**

* Der Kuchen wird in Sirup getränkt. Dafür gibt es zwei Möglichkeiten: den kalten Kuchen mit heißem Sirup oder den warmen Kuchen mit kaltem Sirup übergießen. Im Winter schmeckt der Kuchen mit karamellisierter Ananas und Orangenfilet ebenfalls vorzüglich!

# Schokoladenkuchen
## mit Äpfeln

*Kastenform, Länge: ca. 27–30 cm*
*Für 5–6 Personen*

**Kuchenteig**
- 220 g Butter (zimmerwarm)
- 190 g Zucker
- 4 Eier (Größe M)
- 250 g Weizenmehl (Type 405)
- 1 Tütchen Backpulver
- 1 TL Vanilleextrakt
- 100 ml Milch
- 80 g backfeste Schokoladenperlen
- 2 Äpfel (Pink Lady)

**Ganache**
- 100 g Zartbitterschokolade (66 % Kakaoanteil)
- 170 g Sahne

**Deko**
- ein paar Apfelscheiben (siehe Teilrezept »Kuchenteig«)
- einige Schokoladenperlen

**Kuchenteig**
* Butter und Zucker cremig schlagen. Eier nach und nach unterrühren. Mehl, Backpulver und Vanilleextrakt zum Teig geben und kurz unterrühren. Milch hinzugeben und alles cremig rühren. Die Schokoladenperlen unterheben. Den Teig in die Backform geben.

* Äpfel schälen und in Scheiben schneiden. Die Apfelscheiben in den Teig drücken (ein paar Scheiben für die Dekoration zurückbehalten).

* Den Kuchen bei 180 °C (Umluft) 40–45 Minuten backen und abkühlen lassen.

**Ganache**
* Schokolade und 100 g der Sahne schmelzen und für 30 Minuten im Kühlschrank abkühlen lassen. Die restliche Sahne hinzugeben und alles cremig schlagen.

* Die Ganache in einen Spritzbeutel mit Petit-Four-Tülle füllen und auf den ausgekühlten Kuchen spritzen. Mit weiteren Apfelscheiben und Schokoladenperlen dekorieren.

# Charlotte aux pommes
## (Apfel-Charlotte)

*Runde Backform, Durchmesser: 18 cm*
*Für 6–8 Personen*

**Boden**
- 1 kleine Brioche (18cm)
- 100 g Butter
- 20 g Zucker
- 1 Prise Salz

**Füllung**
- 4–5 große Äpfel (Pink Lady oder Braeburn)
- 20 g Butter
- 50 g Zucker
- 20 ml Calvados
- 1 Prise Salz

**Deko**
- Salzbutter-Karamellsauce
- 1 Apfel

**Außerdem**
- etwas Butter zum Einfetten der Backform
- ca. 1 EL Mehl zum Bestäuben der Backform

**Boden**

* Brioche in dünne Scheiben schneiden. 20 g Butter in einer Pfanne schmelzen lassen, 1 TL Zucker und 1 kleine Prise Salz hinzugeben. Die Brioche-Scheiben von beiden Seiten goldbraun anbraten. Diesen Vorgang bei allen 2 bis 3 Scheiben wiederholen.

* Die Backform mit Butter einfetten und mit Mehl bestäuben. Den Boden und die Seiten der Form mit den gebratenen Brioche-Scheiben belegen. Restliche Scheiben auf die Seite legen.

**Füllung**

* Äpfel schälen und in dünne Scheiben schneiden. Butter in einer Pfanne schmelzen lassen, Zucker und Calvados hinzugeben. Apfelscheiben hinzugeben und mit Salz für ca. 5–8 Minuten köcheln lassen.

* Die Hälfte der Äpfel auf die Brioche in die Backform geben. Eine Schicht aus Brioche-Scheiben darauflegen und etwas andrücken. Die restlichen Apfelscheiben daraufgeben und mit Brioche-Scheiben bedecken. Leicht andrücken und die überstehenden Ränder sauber abschneiden.

* Die Charlotte bei 180 °C (Umluft) 30 Minuten backen. Abkühlen lassen und auf eine Servierplatte stürzen.

* Mit Salzbutter-Karamellsauce und Äpfeln dekorieren.

**Tipp und Variation**

* Dieses Rezept kann auch mit Lebkuchen anstatt mit Brioche zubereitet werden. Den Lebkuchen braucht man dann nicht mehr anzubraten.

# Apfelkuchen
## ohne Boden

*Runde Backform aus Silikon, Durchmesser: 20 cm*
*Für 5–6 Personen*

**Füllung**
- 700 g Äpfel

**Teig**
- 100 g Weizenmehl (Type 405)
- 50 g Zucker
- ½ TL Vanilleextrakt
- 2 Eier (Größe M)
- 200 ml Milch

**Füllung**

* Äpfel schälen, entkernen und in sehr dünne Scheiben schneiden. Die Apfelscheiben in der Backform verteilen.

**Teig**

* Mehl, Zucker, Vanilleextrakt und Eier vermischen. Nach und nach Milch einrühren, bis der Teig homogen ist. Den Teig auf die Apfelscheiben in die Backform gießen.

* Den Kuchen bei 180 °C (Umluft) 45 Minuten backen. Den Kuchen abkühlen lassen und auf eine Servierplatte stürzen.

**Tipp**

* Das Rezept funktioniert auch sehr gut mit Birnen und einem Hauch Tonkabohnen oder Zimt.

# Gesunder Haferflockenkuchen

*Kastenform, Länge: 27 cm*
*Für 6 Personen*

**Kuchenteig**
- 30 g Chiasamen
- 150 ml Orangensaft
- 160 g Banane
- Saft von 1 Zitrone
- 130 g Reismehl (glutenfreies Mehl)
- 150 g zarte Haferflocken
- 100 g Kokosblütenzucker
- 1 Tütchen Backpulver
- 1 Ei (Größe M)
- 100 ml Olivenöl

**Topping**
- 300 g griechischer Joghurt
- 40 g Puderzucker
- Abgeriebene Schale von 1 Zitrone
- 150 g Himbeeren

**Außerdem**
- etwas Butter zum Einfetten der Backform
- ca. 1 EL Mehl zum Bestäuben der Backform

**Kuchenteig**

* Chiasamen im Orangensaft aufquellen lassen. Bananen zusammen mit Zitronensaft zerdrücken. Mehl, Haferflocken, Zucker und Backpulver vermischen. Dann das Ei, Öl, die zerdrückte Banane und die aufgequollenen Chiasamen einrühren.

* Die Kastenform mit Butter einfetten und mit Mehl bestäuben. Den Teig eingießen und im vorgeheizten Backofen bei 180 °C (Umluft) 45 Minuten backen. Den Kuchen abkühlen lassen.

**Topping**

* Joghurt mit Puderzucker vermischen und auf den Kuchen geben. Den Kuchen mit Zitronenschale und Himbeeren dekorieren.

**Tipps**

* Rohrzucker ist eine sehr gute Alternative zu Kokosblütenzucker.

* Statt dem Ei einfach 2 Bananen für das Rezept verwenden. Das ist ein sehr gutes Rezept, um reife Bananen zu verbrauchen.

# Süßkartoffelkuchen
## mit Vitaminen

*Runde Backform, Durchmesser: 20 cm*
*Für 6–8 Personen*

**Kuchenteig**
- 300 g Süßkartoffeln, (geschält)
- 150 g Weizenmehl (Type 405)
- ½ Tütchen Backpulver
- 80 g Kokosblütenzucker
- 1 TL gemahlener Ingwer
- ½ TL gemahlener Kurkuma
- 1 TL gemahlener Ceylon-Zimt
- 2 Eier (Größe M)
- 90 g geschmolzene Butter
- 70 ml Orangensaft

**Füllung**
- 200 g Orangenmarmelade

**Deko**
- 70 g Puderzucker
- 1–2 EL Orangensaft
- kandierte Orangenscheiben

**Außerdem**
- etwas Butter zum Einfetten der Backform
- ca. 1 EL Mehl zum Bestäuben der Backform

**Kuchenteig**

* Süßkartoffel in kleine Stückchen schneiden und kochen. Mit einem Stabmixer fein pürieren und abkühlen lassen.

* Mehl, Backpulver, Kokosblütenzucker, Ingwer, Kurkuma und Ceylon-Zimt in einer großen Schüssel vermischen. Eier und Butter hinzugeben und gut verrühren. Das abgekühlte Süßkartoffelpüree und den Orangensaft dazugeben und cremig rühren.

* Die Backform mit Butter einfetten und mit Mehl bestäuben. Den Teig in die Backform gießen und bei 180 °C (Umluft) 45–50 Minuten backen. Den Kuchen abkühlen lassen.

**Füllung**

* Den abgekühlten Kuchen horizontal halbieren. Die untere Hälfte des Kuchens mit Orangenmarmelade bestreichen, die obere Hälfte darauf platzieren.

**Deko**

* Puderzucker mit etwas Orangensaft vermischen. Die Glasur auf dem Kuchen verteilen und mit kandierten Orangenscheiben dekorieren.

**Tipps und Variationen**

* Ich habe meinen Kuchen mit Marmelade gefüllt. Man kann ihn aber genauso gut mit Ganache oder einer anderen Creme füllen.

* Der Kuchen wurde mit Süßkartoffeln zubereitet. Er kann aber auch mit Kürbis oder Möhren gebacken werden.

* Die Gewürze habe ich sorgfältig ausgesucht. Eine Lebkuchen-Gewürzmischung passt aber ebenfalls sehr gut.

# Vite fait
## à l'orange

*Runde Backform, Durchmesser: 26 cm*
*Für 8–10 Personen*

### Sirup und Füllung
- 300 ml Wasser
- 180 g Zucker
- 3 kleine unbehandelte Orangen (350 g)

### Teig
- 4 Eier (Größe M)
- 180 g Zucker
- 300 g Weizenmehl (Type 405)
- ½ Tütchen Backpulver
- 80 ml Zitronensaft
- 220 g geschmolzene Butter

### Sirup und Füllung
* Wasser und Zucker in einem Topf köcheln lassen, bis sich der Zucker aufgelöst hat. Orangen in dünne Scheiben schneiden und im Sirup köcheln lassen, bis sie weich sind. Die Orangenscheiben aus dem Sirup nehmen und auf einem Gitter abtropfen lassen. Den Sirup beiseitestellen.

* Den Boden der Backform mit Backpapier bedecken und mit den kandierten Orangenscheiben belegen. Die restlichen Orangenscheiben klein schneiden und beiseitestellen.

### Teig
* Eier und Zucker schaumig schlagen. Mehl, Backpulver, Zitronensaft und geschmolzene Butter hinzugeben und kurz einrühren. Die Orangenstückchen unterheben.

* Den Teig auf die Orangenscheiben in die Backform geben und bei 180 °C (Umluft) 45 Minuten backen. Den Kuchen abkühlen lassen.

* Den Kuchen auf eine Servierplatte stürzen, das Backpapier entfernen und mit Orangensirup servieren.

### Tipp
* Mit frischen Orangen wird der Kuchen noch zarter und saftiger. Wer mag, kann auch 1 EL Orangenblütenwasser in den Teig geben. Mit Blutorangen sieht der Kuchen besonders hübsch aus!

# Zitronen-Mohn-Kuchen

*Runde Backform, Durchmesser: 20 cm*
*Für 6–8 Personen*

**Kuchenteig**
- 125 g Butter
- 150 g Zucker
- 3 Eier (Größe M)
- 200 g Weizenmehl (Type 405)
- 1 TL Backpulver
- 80–90 ml Saft von 1 großen unbehandelten Zitrone
- 4 EL Mohn

**Zitronenmarmelade**
- Zitrone (Rest, siehe Teilrezept »Kuchenteig«)
- 2 EL Wasser + 20 ml
- 100 g Zucker

**Deko**
- 1 unbehandelte Zitrone
- 70 g Zucker
- 150 ml Wasser

**Außerdem**
- etwas Butter zum Einfetten der Backform
- ca. 1 EL Mehl zum Bestäuben der Backform

**Kuchenteig**

* Butter und Zucker in einer großen Schüssel schaumig schlagen. Eier nach und nach dazugeben und unterrühren. Mehl mit Backpulver vermischen und dazugeben. Zitronensaft und Mohn einmischen.

* Ein Backblech mit 800 ml Wasser befüllen und auf die unterste Schiene des Backofens geben. Die Backform mit Butter einfetten und mit Mehl bestäuben. Den Teig in die Backform geben und den Kuchen im vorgeheizten Backofen bei 180 °C (Umluft) 35 Minuten backen.

**Zitronenmarmelade**

* Die restliche Zitrone in kleine Stücke schneiden und mit 2 EL Wasser in der Mikrowelle bei mittlerer Hitze kochen.

* Die gekochte Zitrone pürieren und zusammen mit Zucker und Wasser in einem Topf zum Kochen bringen. Die Zitronenmarmelade noch einmal fein pürieren.

**Deko**

* Zitrone in dünne Scheiben schneiden und in einem Topf mit Zucker und Wasser für 15–20 Minuten köcheln lassen, bis die Schale glasig wird.

* Den abgekühlten Kuchen aus der Form nehmen. Die Zitronenmarmelade darauf verteilen und mit kandierten Zitronenscheiben dekorieren.

**Tipp und Variation**

* Dieses Rezept kann man auch mit Orangen oder Clementinen anstatt mit Zitronen zubereiten.

# Clafoutis
## mit Aprikosen und Lavendel

*Runde Backform, Durchmesser: 18 cm*
*Für 4–5 Personen*

**Kuchenteig**
- 225 ml Milch
- 1 TL Lavendelblüten
- 100 g Weizenmehl (Type 405)
- 30 g Zucker
- 1 Ei (Größe M)

**Topping**
- 8 Aprikosen

**Deko**
- Frische Lavendelblüten

**Außerdem**
- etwas Butter zum Einfetten der Backform
- ca. 1 EL Mehl zum Bestäuben der Backform

**Kuchenteig**

* Milch zusammen mit den Lavendelblüten zum Kochen bringen und abkühlen lassen. Die Milch sieben, um die Blüten zu entfernen.

* Mehl, Zucker und Ei kurz vermischen. Nach und nach die abgekühlte Milch hinzugeben und unterrühren.

* Die Backform mit Butter einfetten und mit Mehl bestäuben. Den Teig in die Backform gießen und mit halbierten Aprikosen (entsteint) belegen. Bei 180 °C (Umluft) 35–40 Minuten backen.

* Den Kuchen abkühlen lassen und mit frischen Lavendelblüten dekorieren.

**Tipp**

* Perfekt für Sommerobst wie Kirschen, Pfirsiche oder Pflaumen. Statt Lavendel kann man auch Rosmarin oder Thymian nehmen.

# Far breton
## mit Buchweizenmehl

*Runde Backform, Durchmesser: 26 cm*
*Für 6–8 Personen*

**Kuchenteig**
- 75 g Buchweizenmehl
- 100 g Weizenmehl (Type 405)
- 75 g Zucker
- 40 g geschmolzene Butter
- ½ TL Vanilleextrakt
- 3 Eier (Größe M)
- 150 g Sahne
- 350 ml Milch

**Füllung**
- 150 g Soft-Pflaumen
- 50 ml warmer Rum
- 1 EL Weizenmehl (Type 405)

**Außerdem**
- etwas Butter zum Einfetten der Backform
- ca. 1 EL Mehl zum Bestäuben der Backform

**Kuchenteig**
* Buchweizenmehl, Weizenmehl, Zucker, geschmolzene Butter, Vanilleextrakt und Eier miteinander vermischen. Nach und nach Sahne und Milch einrühren.

**Füllung**
* Pflaumen 30 Minuten im warmen Rum ziehen lassen. Pflaumen aus dem Rum nehmen und im Mehl wälzen.

* Die Backform mit Butter einfetten und mit Mehl bestäuben. Bemehlte Pflaumen am Boden der Backform verteilen und den Teig darübergießen.

* Den Kuchen bei 180 °C (Umluft) 40 Minuten backen.

**Tipp**
* Ein typisch bretonischer Kuchen mit Buchweizenmehl. Die Pflaumen sind auch oft im Rum eingelegt – eine Köstlichkeit für alle Matrosen in der Bretagne. Soft-Pflaumen können auch in schwarzem Tee oder Apfelsaft eingelegt werden, wenn man ein alkoholfreies Rezept bevorzugt.

# Gâteau breton

## Bretonischer Kuchen

*Runde Backform, Durchmesser: 22 cm*
*Für 6–8 Personen*

**Kuchenteig**
- 200 g Weizenmehl (Type 405)
- 75 g Buchweizenmehl
- 1 TL Backpulver
- 1 Prise Salz
- 5 Eigelb (Größe M)
- 200 g Zucker
- 200 g geschmolzene Butter
- 3 EL Milch zum Bepinseln

**Füllung**
- 2–3 Äpfel
- 25 g Zucker
- ½ TL Vanilleextrak
- 2 Prisen Salz
- 2–3 EL Calvados

**Außerdem**
- etwas Butter zum Einfetten der Backform
- ca. 1 EL Mehl zum Bestäuben der Backform

**Kuchenteig**

* Weizenmehl, Buchweizenmehl, Backpulver und Salz sieben und beiseitestellen.

* Eigelbe mit Zucker schlagen, bis die Masse weiß wird. Die gesiebte Mehlmischung und die geschmolzene Butter hinzugeben und einrühren. Den Teig in Frischhaltefolie wickeln und 1 Stunde im Kühlschrank kalt stellen.

**Füllung**

* Äpfel schälen und in kleine Stückchen schneiden. Äpfel mit Zucker, Vanilleextrakt, 2 Prisen Salz und Calvados in einem Kochtopf köcheln lassen, bis sie weich werden und der größte Teil der Flüssigkeit verdampft ist.

* Den gekühlten Teig halbieren.

* Die Backform mit Frischhaltefolie auslegen. Die Hälfte des Teigs darin verteilen und andrücken. An den Seiten einen 2 cm hohen Rand formen. Den Teig mithilfe der Frischhaltefolie vorsichtig aus der Backform heben und beiseitestellen. Das wird später der Deckel des Kuchens.

* Die Backform (ohne Frischhaltefolie) mit Butter einfetten und mit Mehl bestäuben. Die zweite Hälfte des Teigs ebenfalls in der Backform verteilen, andrücken und einen 2 cm hohen Rand formen.

* Das Apfelkompott auf den Teig in die Backform geben. Den Teigdeckel darauflegen und die Ränder rundum festdrücken. Den Kuchen oben mit einer Gabel einstechen, damit die Dämpfe beim Backen entweichen können.

* Den Kuchen mit Milch bepinseln und bei 180 °C (Umluft) 45–50 Minuten backen.

**Tipp und Variation**

* Dieses klassische bretonische Rezept wird oft ohne Füllung oder mit Pflaumen gebacken. Ich habe dem Rezept meinen persönlichen Touch gegeben und ein Apfelkompott mit Calvados zubereitet.

# Reiskuchen
## mit Orangenblütenwasser

*Runde Backform, Durchmesser: 18 cm*
*Für 5–6 Personen*

**Kuchenteig**
- 180 g Milchreis (optional Risottoreis)
- 1 l Milch
- 1 TL Vanilleextrakt
- 130 g Zucker
- 250 ml Sahne
- 25 ml Orangenblütenwasser
- 3 Eier (Größe M)
- 50 g Soft-Pflaumen

**Außerdem**
- etwas Butter zum Einfetten der Backform
- ca. 1 EL Mehl zum Bestäuben der Backform

**Kuchenteig**

* Milchreis zusammen mit Milch und Vanilleextrakt 20 Minuten in einem Topf kochen lassen. 50 g des Zuckers hinzugeben, einrühren und kurz abkühlen lassen.

* Den restlichen Zucker in einer Pfanne schmelzen lassen, sodass ein Karamell entsteht. Die Backform mit Butter einfetten und mit Mehl bestäuben. Den Karamell auf den Boden der Backform geben.

* Sahne, Orangenblütenwasser und Eier verrühren. Den gekochten Reis und klein geschnittene Pflaumen eingeben und unterrühren. Den Teig auf den Karamell in die Backform geben.

* Den Kuchen bei 170 °C (Umluft) 30 Minuten backen und 5 Minuten abkühlen lassen. Auf eine Servierplatte stürzen und die Backform entfernen, sodass der Karamell am Kuchen herunterläuft.

**Tipps und Variationen**

* Orangenblüttenwasser ist ein typischer Geschmack aus der Mittelmeer-Region. Es kann auch durch Rosenwasser ersetzt werden. Im Winter kann man es mit ½ TL Zimt würzen.

# Tourteau fromager

## Verbrannter Kuchen aus dem Baskenland

*Runde Backform, Durchmesser: 14 cm*
*Für 3–4 Personen*

**Boden**

- 50 g Weizenmehl (Type 405)
- 25 g Butter
- 15 g Zucker
- ½ TL Vanilleextrakt
- 1 EL Wasser

**Füllung**

- 2 Eier (Größe M)
- 40 g Zucker
- 1 TL Vanilleextrakt
- 40 g Weizenmehl (Type 405)
- 150 g Ziegenfrischkäse

**Boden**

* Alle Zutaten miteinander verkneten. Den Teig dünn ausrollen, in die Backform legen und etwas über den Rand stehen lassen.

**Füllung**

* Eier trennen. Eiweiße schlagen, kurz danach 10 g Zucker dazugeben und weiterschlagen. Eigelbe und 30 g Zucker schlagen, bis die Masse weiß wird. Vanilleextrakt, Mehl, Ziegenfrischkäse und Eischnee hinzugeben und kurz unterrühren.

* Die Füllung auf den Teigboden in die Backform geben.

* Den Tourteau im vorgeheizten Backofen 10 Minuten bei 280 °C (Ober-/Unterhitze) backen, dann 20 Minuten bei 240 °C. Anschließend abkühlen lassen.

**Tipp**

* Dieses Rezept ist ein traditioneller Kuchen aus dem Südwesten Frankreichs und soll genau so »verbrannt« sein. Das Lustige ist, dass man das Verbrannte nicht rausschmeckt, sondern vielmehr die fluffige Ziegenkäsefüllung. Ein einfaches und überraschendes Rezept!

# Broyé du Poitou

*Für 5–6 Personen*

**Kuchenteig**
- 1 Ei (Größe M)
- 100 g Zucker
- 120 g Butter (Zimmertemperatur)
- 250 g Weizenmehl (Type 405) + etwas mehr zum Verarbeiten
- 150 g gemahlene Walnüsse
- 1 Prise Salz
- 2 EL brauner Rum (oder Calvados)

**Topping**
- 1 Handvoll Walnusshälften
- 3 EL Milch

**Kuchenteig**
* Ei und Zucker aufschlagen, bis die Masse weiß wird. Butter dazugeben und weiterschlagen. Mehl und gemahlene Walnüsse sieben, mit dem Salz zum Teig geben und kurz unterrühren. Rum hinzugeben und alles kurz vermischen.

* Den Teig auf einem Backpapier mit etwas Mehl 1 cm dick und 30 cm breit ausrollen.

**Topping**
* Die Walnüsse auf dem ausgerollten Teig verteilen und leicht eindrücken. Den Kuchen auf ein Backblech legen und mit Milch bepinseln.

* Bei 180 °C (Umluft) 25–30 Minuten backen. Abkühlen lassen und in grobe Stücke brechen.

**Tipps und Variationen**
* Traditionell wird der Kuchen nicht geschnitten, sondern mit einem kleinen Hammer zerbrochen, um »Brocken« zu bekommen. In Patisserien in Frankreich wird der Kuchen sogar mit Hammer verkauft!

* Der Kuchen schmeckt auch hervorragend mit Haselnüssen.

# Matschepampe-Kuchen

## Zauberkuchen mit drei Texturen aus einem Teig

*Runde Backform aus Silikon, Durchmesser: 26 cm*
*Für 6–8 Personen*

**Kuchenteig**
- 4 Eier (Größe M)
- 140 g Puderzucker
- Mark von ½ Vanilleschote
- 140 g geschmolzene Butter
- 125 g Weizenmehl (Type 405)
- 500 ml Milch
- 10 g Zucker

**Topping**
- 250 g TK-Himbeeren

**Kuchenteig**

* Eier trennen. Eigelbe, Puderzucker und Vanille cremig schlagen, bis die Masse weiß wird. Butter und Mehl hinzugeben und kurz unterrühren. Milch in einem Kochtopf leicht erhitzen. Die warme Milch zur Eiermischung geben, unterrühren und zurück in den Kochtopf geben. Die Masse bei mittlerer Hitze 2 Minuten rühren, bis er leicht dickflüssig wird. Den Pudding kurz abkühlen lassen.

* Eiweiße schaumig schlagen. Wenn die Masse anfängt, weiß zu werden, Zucker reinrieseln lassen und zu steifem Baiser schlagen. Baiser auf drei Etappen mit dem Pudding mischen.

* Den abgekühlten Pudding in eine große Schüssel geben. Die erste Portion Baiser mit einem Schneebesen mit dem Pudding gut verrühren. Die zweite Portion Baiser leicht mit einem Teigschaber vermischen. Die dritte Portion Baiser eingeben und vorsichtig unterheben. In dem Teig sollten noch Baiser-Stückchen sichtbar sein.

* Der fertigen Teig in die Silikonbackform geben und bei 160 °C (Umluft) 50 Minuten backen. Den Kuchen in der Backform abkühlen lassen und mindestens 2 Stunden im Kühlschrank kalt stellen.

* Achtung: Nicht versuchen, den Kuchen aus der Form zu nehmen, solange er nicht komplett abgekühlt ist. Durch die Kälte wird er fest und lässt sich ganz einfach aus der Form lösen.

**Topping**

* Himbeeren kurz vor dem Servieren erhitzen und auf jedem Stück heiße Himbeeren verteilen.

**Tipps und Variationen**

* Ein toller, einfacher Kuchen aus einem Teig, wenn es mal schnell gehen muss und man nicht mehr viele Zutaten zu Hause hat.

* Man kann den Kuchen auch mit 150 g geschmolzener Schokolade, 50 g gemahlenen Pistazien oder Apfelstückchen und Zimt zubereiten.

# Fondant aux amandes

## Zarter Mandelkuchen mit weichem Kern

*Runde Backform, Durchmesser: 20 cm*
*Für 5–6 Personen*

**Kuchenteig**
- 5 Eier (Größe M)
- 200 g Zucker
- 300 g gemahlene Mandeln
- 2 EL Orangenblütenwasser
- 125 g geschmolzene Butter

**Glasur**
- 100 g Puderzucker
- 1–2 EL Zitronensaft

**Topping**
- ein paar ganze Mandeln (optional)

**Außerdem**
- etwas Butter zum Einfetten der Backform
- ca. 1 EL Mehl zum Bestäuben der Backform

**Kuchenteig**

* Eier und Zucker aufschlagen, bis die Masse weiß wird. Gemahlene Mandeln, Orangenblütenwasser und geschmolzene Butter hinzugeben und alles cremig rühren.

* Die Backform mit Butter einfetten und mit Mehl bestäuben. Den Teig in die Backform gießen und bei 180 °C (Umluft) 50–55 Minuten backen. Den Kuchen abkühlen lassen.

**Glasur**

* Puderzucker und Zitronensaft vermischen und den Kuchen mit der Glasur bestreichen.

**Topping**

* Nach Belieben ein paar Mandeln in die Mitte der Glasur setzen.

**Tipp und Variation**

* Zusätzlich kann 200 g geschmolzene Zartbitterschokolade in den Teig gegeben werden.

# Schokoladenkuchen
## mit flüssigem Kern

*2 Servierringe, Durchmesser: 8 cm*
*Für 2 Personen*

**Kuchenteig**
- 100 g Schokolade
- 35 g Butter
- 2 Eier (Größe M)
- 30 g Zucker
- 25 g Weizenmehl (Type 405)

**Kuchenteig**
* Schokolade und Butter schmelzen, miteinander verrühren und leicht abkühlen lassen.

* Eier und Zucker aufschlagen, bis die Masse schaumig wird. Mehl hinzugeben und kurz unterrühren. Die Schokoladenmischung einrühren.

* Die Servierringe auf ein mit Backpapier ausgelegtes Backblech geben. Den Kuchenteig in die Servierringe füllen und bei 200 °C (Umluft) 7–8 Minuten backen.

* Die Schokoladenkuchen 2 Minuten abkühlen lassen, auf Tellern platzieren und die Servierringe vorsichtig entfernen.

**Tipp**
* Der Teig kann in den Servierringen eingefroren werden. Dann einfach 5 Minuten auftauen lassen und 18–20 Minuten backen.

# Extraschokoladiger Marmorkuchen

*Runde Backform aus Silikon, Durchmesser: 20 cm*
*Für 8–10 Personen*

**Kuchenteig**
- 180 g Butter (zimmerwarm)
- 150 g Zucker
- 3 Eier (Größe M)
- 250 g Weizenmehl (Type 405)
- 1 TL Backpulver
- 1 Tütchen Vanillezucker
- 75 ml Milch
- 2 EL Backkakao

**Sirup**
- 150 ml Wasser
- 30 g Zucker
- ½ TL Vanilleextrakt

**Glasur**
- 200 g Zartbitterschokolade (64 % Kakaogehalt)
- 200 g Sahne
- 70 g gehackte und geröstete Haselnüsse

**Deko**
- etwas Schokoladencreme (Rezept auf Seite 110)
- ein paar Haselnüsse
- ein paar Schokoladenstückchen

**Tipp**
* Für den Schokoladenüberzug eignet sich auch gut »Restschokolade« von Weihnachten oder Ostern. Mit Sahne (mit dem halben Gewicht der Schokolade) zusammen schmelzen und den Kuchen damit überziehen.

**Kuchenteig**
* Butter und Zucker cremig schlagen. Eier nach und nach unterrühren. Mehl, Backpulver und Vanillezucker zum Teig geben und kurz unterrühren. Milch hinzugeben und alles cremig rühren.
* Den Teig in zwei Hälften aufteilen. Den Backkakao in eine Hälfte des Teigs rühren.
* Beide Teige in die Backform geben und mit einer Gabel ein Muster ziehen.
* Ein Backblech mit 500 ml Wasser befüllen und auf die unterste Schiene des Backofens geben. Den Kuchen auf einem Gitter in der Mitte des Backofens platzieren und bei 180 °C (Umluft) 45 Minuten backen.

**Sirup**
* Alle Zutaten in einen Topf geben und zum Kochen bringen. Den Sirup komplett abkühlen lassen.

**Glasur**
* Schokolade in der Sahne schmelzen. Gehackte Haselnüsse unterrühren.
* Den Kuchen aus der Backform nehmen. Die Form kurz mit einem feuchten Tuch auswischen. Die flüssige Schokoladenglasur in der noch warmen Form verteilen. Den Kuchen zurück in die Form geben und leicht andrücken.
* Den kalten Sirup nach und nach auf den Kuchen pinseln. Abkühlen lassen und für mindestens 1 Stunde im Kühlschrank kalt stellen.
* Den komplett abgekühlten Kuchen aus der Form nehmen und mit etwas Schokoladencreme, Haselnüssen und Schokoladenstückchen dekorieren.

KAPITEL 2

# TORTEN

# Biskuitrollentorte
## mit Erdbeeren und Basilikum

*Tortenring, Durchmesser: 22–24 cm*
*Für 6–8 Personen*

**Biskuitboden**
- 3 Eier (Größe M)
- 90 g Zucker
- 1 TL Vanilleextrakt
- 90 g Weizenmehl (Type 405)

**Creme**
- 125 g Mascarpone
- 70 ml Milch
- 40 g Zucker
- 1 TL Vanilleextrakt
- 400 g Quark (fettarm)
- 10 g Sofortgelatine
- 250 g Erdbeere

**Basilikum-Gelee**
- 1 Bund Basilikum
- 200 ml Wasser
- 100 g Gelierzucker (1 : 2)

**Biskuitboden**

* Eier trennen. Eiweiße steif schlagen und Zucker einrühren, bis der Eischnee glänzend und fest ist. Vorsichtig Eigelbe, Vanilleextrakt und Mehl unterheben.

* Den Teig auf ein mit Backpapier ausgelegtes Backblech geben und verteilen. Im vorgeheizten Backofen bei 180 °C (Umluft) 12 Minuten backen.

* Biskuit aus dem Ofen nehmen und mit einem feuchten Tuch bedecken. Das Backpapier am Biskuitboden lassen. Den Boden nicht zusammenrollen. Beiseitestellen und abkühlen lassen.

**Creme**

* Mascarpone, Milch, Zucker und Vanilleextrakt cremig schlagen. Quark abtropfen lassen und Sofortgelatine in die abgetropfte Flüssigkeit rühren. Den Quark mit der Mascarponemasse und Gelatineflüssigkeit vermischen.

* Erdbeeren in kleine Stückchen schneiden und beiseitestellen.

*Auf der nächsten Seite geht es weiter …*

**Basilikum-Gelee**

* Basilikum, Wasser und Gelierzucker zum Kochen bringen. Mit einem Stabmixer fein pürieren und kalt stellen.

* Den abgekühlten Biskuitboden vom Tuch und Backpapier befreien. In 5 cm breite Bänder schneiden. Das Basilikum-Gelee dünn auf die Biskuitbänder streichen. Die Mascarponecreme und die Erdbeeren darauf verteilen.

* Das erste Band an der kurzen Seite aufrollen. Die kleine Rolle auf den Anfang des zweiten Bands stellen und weiter einrollen. Denselben Prozess mit dem dritten Band wiederholen.

* Die Rolle mittig in einen mit Schokoladenfolie ausgelegten Tortenring geben. Die restlichen Biskuitbänder, eins nach dem anderen, um die Rolle legen, sodass eine große Rolle entsteht. Den Tortenring fest zusammenziehen und den Kuchen für mindestens 30 Minuten in den Kühlschrank stellen.

* Vor dem Serveiren vorsichtig den Tortenring und die Schokoladenfolie entfernen. Den Kuchen mit der restlichen Creme und Erdbeeren dekorieren.

**Tipps**

* Das Basilikum-Gelee kann im Voraus zubereitet werden und passt auch sehr gut zu einem Obstsalat.

* Dünne Schichten lassen sich besser zusammenrollen und die Torte besser »bauen«.

# Charlotte
## mit Erdbeeren

*Charlotten-Backform, Durchmesser: 18 cm*
*Für 5–6 Personen*

**Creme**
- 150 g Mascarpone (oder Quark mit 20–40 % Fettgehalt)
- 200 g griechischer Joghurt (10 % Fettgehalt)
- 40 g Zucker
- Mark von 1 Vanilleschote

**Füllung und Deko**
- 500 g Erdbeeren

**Boden**
- 2 TL Vanilleextrakt
- 300 g Löffelbiskuit
- 150–200 ml Wasser

**Creme**
* Mascarpone, griechischen Joghurt, Zucker und Vanillemark cremig rühren.

**Füllung und Deko**
* Erdbeeren putzen. 1 Handvoll schöne Erdbeeren beiseitelegen und die restlichen Erdbeeren in mundgerechte Stücke schneiden.

**Boden**
* Vanilleextrakt in einem tiefen Teller im Wasser lösen. Löffelbiskuit mit der unteren Seite (ohne Zucker) kurz darin eintauchen.

* Die Backform mit Frischhaltefolie auslegen. Den Boden und Rand der Backform mit eingetauchten Löffelbiskuits bedecken.

* Die Hälfte der Creme auf die Löffelbiskuits am Boden der Backform geben. Die Hälfte der klein geschnittenen Erdbeeren darauf verteilen und mit weiteren eingetauchten Löffelbiskuits bedecken. Die restliche Creme und die restlichen geschnittenen Erdbeeren darauf aufschichten. Mit einer letzten Schicht eingetauchten Löffelbiskuits verschließen.

* Mit einem Teller als Deckel mindestens 4 Stunden im Kühlschrank kalt stellen.

* Die gekühlte Charlotte auf eine Servierplatte stürzen, Backform und Frischhaltefolie entfernen. Den Kuchen mit Erdbeeren dekorieren.

**Tipp**
* Immer einen stichfesten Joghurt verwenden, sodass die Creme besser hält. Man kann auch 7 g Sofortgelatine in die Creme geben.

# Erdbeertorte

*Tortenring, Durchmesser: 22 cm*
*Für 8–10 Personen*

**Biskuitboden**
- 2 Eier (Größe M)
- 60 g Zucker
- ½ TL Vanilleextrakt
- 60 g Weizenmehl (Type 405)
- 4 EL Milch zum Bepinseln

**Creme**
- 250 g Mascarpone
- 60 g Zucker
- 1 TL Vanilleextrakt
- 150 g Sahne
- 150 g griechischer Joghurt (10 % Fettgehalt)
- 700 g Erdbeeren

**Biskuitboden**
* Eier trennen. Eiweiße steif schlagen und Zucker einrühren, bis der Eischnee glänzend und fest ist. Vorsichtig Eigelbe, Vanilleextrakt und Mehl unterheben.

* Den Teig in den Tortenring auf ein mit Backpapier ausgelegtes Backblech gießen. Im vorgeheizten Backofen bei 180 °C (Umluft) 15 Minuten backen. Den Biskuit abkühlen lassen und den Tortenring entfernen.

**Creme**
* Mascarpone, Zucker und Vanilleextrakt verrühren. Nach und nach Sahne eingeben und cremig schlagen. Joghurt dazugeben und unterrühren.

* 500 g Erdbeeren klein schneiden und unter die Creme rühren.

* Den Biskuitboden vorsichtig vom Backpapier lösen und mit Milch bepinseln. Den Tortenring mit Schokoladenfolie auskleiden und eng um den Biskuitboden platzieren. Die Creme auf den Biskuit geben, verteilen und leicht andrücken. Die restlichen Erdbeeren grob schneiden und die Torte damit dekorieren. Für mindestens 2 Stunden im Kühlschrank kalt stellen.

**Tipp**
* Diese Torte ist meine Geburtstagstorte. Mein Sohn bereitet sie für mich jedes Jahr zu! Sie schmeckt einfach nach Liebe!

# Blaubeertorte

*2 runde Backformen, Durchmesser: 16 cm*
*Für 10–12 Personen*

**Teig**
- 140 g Weizenmehl (Type 405)
- 200 g Puderzucker
- 280 g gemahlene Mandeln
- 4 Eier (Größe M)
- 60 ml Zitronensaft
- 180 g geschmolzene Butter
- 200 g Blaubeeren

**Buttercreme**
- 350 g weiche Butter
- 60 g Puderzucker
- 100 g Blaubeer-Coulis

**Füllung**
- 150 g Blaubeerkonfitüre

**Deko**
- 1 Handvoll Blaubeeren
- essbare Blüten nach Wahl

**Teig**
* Mehl, Puderzucker, gemahlene Mandeln, Eier, Zitronensaft und geschmolzene Butter cremig rühren. Den Teig gleichmäßig in zwei Backformen verteilen. Die Blaubeeren auf den Teig in beide Backformen geben und leicht eindrücken.

* Die Kuchen bei 180 °C (Umluft) 40–45 Minuten backen und abkühlen lassen.

**Buttercreme**
* Weiche Butter cremig schlagen, bis die Masse weiß wird. Puderzucker und Blaubeer-Coulis hinzugeben und alles cremig schlagen. Die Buttercreme in einen Spritzbeutel geben.

* Einen der Blaubeerkuchen auf einer Servierplatte platzieren. Einen 2 cm breiten Rand auf den Kuchen mit der Buttercreme spritzen. Die so entstandene Mulde mit Blaubeerkonfitüre befüllen. Den zweiten Blaubeerkuchen darauf platzieren. Die Torte mit Buttercreme einstreichen – einen Rest für die Deko übrig lassen – und für mindestens 1 Stunde im Kühlschrank kalt stellen.

**Deko**
* Mit Buttercreme verzieren und mit Blaubeeren und essbaren Blumen dekorieren.

**Tipp**
* Alternativ lassen sich in diesem Rezept auch schwarze Johannisbeeren oder Himbeeren verwenden.

# Himbeer-Melonen-Torte

*Tortenring, Durchmesser: 18–20 cm*
*Für 8–10 Personen*

**Boden**
- 150 g Kekse (Galettes bretonnes)
- 50 g geschmolzene Butter

**Creme**
- 250 g Himbeer-Coulis
- 75 g Zucker
- 30 g Sofortgelatine
- 125 g Mascarpone
- 25 g Sahne
- 450 g griechischer Joghurt (10 % Fettgehalt)

**Topping**
- 350 g Melonen-Coulis (Cantaloupe-Melone)
- 30 g Sofortgelatine

**Deko**
- 70–80 g Melonenfruchtfleisch (Cantaloupe-Melone)
- 1 Handvoll frische Himbeeren

**Boden**

* Kekse fein zerkrümeln. Geschmolzene Butter hinzugeben und mit den Kekskrümeln vermischen.

* Tortenring auf einer Servierplatte platzieren und mit Schokoladenfolie oder Frischhaltefolie auskleiden. Die Keksmasse in den Tortenring geben. Gleichmäßig am Boden der Servierplatte andrücken und kalt stellen.

**Creme**

* Himbeer-Coulis, Zucker und Sofortgelatine miteinander vermischen.

* Mascarpone und Sahne cremig schlagen. Griechischen Joghurt und die Coulis-Zucker-Mischung einrühren. Die Creme auf den Keksboden in den Tortenring gießen und 30 Minuten kalt stellen.

**Topping**

* Melonen-Coulis mit Sofortgelatine mischen. Auf die Cremeschicht geben und alles mindestens 3 Stunden im Kühlschrank kalt stellen, bis die Torte fest ist.

**Deko**

* Melonenfruchtfleisch mit einem Parisienne-Löffel zu kleinen Kugeln formen.

* Die Torte vom Tortenring und der Schokoladenfolie befreien. Mit Melonenkugeln und frischen Himbeeren dekorieren.

**Tipps und Variationen**

* Die Torte kann eingefroren und als Eis serviert werden.

* Für den Boden kann man auch Löffelbiskuit verwenden.

* Das Rezept funktioniert auch mit Pfirsichen oder Aprikosen.

* Man kann ebenfalls Keksstückchen und ganze Himbeeren in die Himbeercreme geben.

# Joconde-Torte
## mit Himbeeren und Pistazien

*Tortenring, Durchmesser: 22 cm*
*Für 10–12 Personen*

**Boden**
- 2 Eier (Größe M)
- 60 g Zucker
- 60 g Pistazienpaste
- 60 g Weizenmehl (Type 405)

**Himbeer-Mousse**
- 350 g Himbeerpüree
- 2 EL Puderzucker
- 30 g Sofortgelatine
- 200 g Mascarpone
- 300 g Sahne

**Füllung**
- 250 g Kirschgrütze

**Deko**
- Himbeeren
- Schokoladenperlen
- 20 g ganze oder gehackte Pistazien

**Tipp**
* Einfache Torte und perfekt zum Angeben. Lässt sich sehr gut als Eistorte (halb gefroren) genießen.

**Boden**
* Eier trennen. Eiweiße aufschlagen und 20 g Zucker einrühren, bis ein fester Baiser entsteht. Eigelbe zusammen mit Pistazienpaste und 40 g Zucker cremig schlagen. Mehl hinzugeben und kurz unterrühren. Die Basier-Masse nach und nach unter den Teig heben.

* Den Teig auf ein mit Backpapier ausgelegtes Backblech geben und zu einem 20 cm großen Kreis verstreichen. Den Biskuitboden bei 180 °C (Umluft) 15 Minuten backen. Danach vom Backpapier lösen und kurz abkühlen lassen. In Frischhaltefolie wickeln und komplett abkühlen lassen.

**Himbeer-Mousse**
* Himbeerpüree, Puderzucker und Sofortgelatine vermischen. Mascarpone und Sahne cremig schlagen, zur Himbeermasse geben und vorsichtig unterheben.

* Den Tortenring 2 cm größer als den Biskuitboden einstellen. Den Boden des Tortenrings von außen mit Frischhaltefolie bedecken, sodass er dicht ist. Die Seiten des Tortenrings von innen mit Schokoladenfolie auslegen.

* Den Biskuitboden mittig in den Tortenring legen. Die Hälfte der Himbeer-Mousse daraufgeben und an den Seiten des Tortenrings verteilen.

**Füllung**
* Kirschgrütze in die Mitte des Tortenrings geben und mit der restlichen Mousse bedecken.

**Deko**
* 4 EL der Mousse in einen Spritzbeutel mit Petit-Four-Tülle füllen und die Torte damit verzieren. Mit frischen Himbeeren, Schokoladenperlen und Pistazien dekorieren.

* Die Torte über Nacht im Tiefkühlschrank kalt stellen. Die Torte braucht ungefähr 1 Stunde zum Auftauen, kann aber auch gefroren wie Eis gegessen werden.

# Zitronentorte

*Tortenring, Durchmesser: 22–24 cm*
*Für 8–10 Personen*

**Lemon Curd**
- 200 ml Zitronensaft
- 200 g Zucker
- 100 g Butter
- 25 g Speisestärke
- 4 Eier (Größe M)

**Biskuitboden**
- 4 Eier (Größe M)
- 120 g Zucker
- 1 TL Vanilleextrakt
- 120 g Weizenmehl (Type 405)

**Kandierte Zitronen**
- 200 ml Wasser
- 50 g Zucker
- 1 unbehandelte Zitrone

**Lemon Curd**

* Zitronensaft, Zucker und 50 g der Butter in einem Topf bei mittlerer Hitze schmelzen lassen (die Masse sollte nicht kochen). Speisestärke mit 3 EL der Flüssigkeit vermischen, zurück in den Topf geben und unterrühren. Eier kurz schlagen. Die Zitronen-Zucker-Butter-Mischung auf die Eier geben und verrühren. Alles zurück in den Topf geben und umrühren, bis die Masse andickt. Die Masse aus dem Topf nehmen, sobald sie eine Temperatur von 82 °C erreicht hat. Die restliche Butter in kleinen Stückchen hinzugeben und cremig rühren.

**Biskuitboden**

* Eier trennen. Eiweiße steif schlagen und Zucker einrühren, bis der Eischnee glänzend und fest ist. Vorsichtig Eigelbe, Vanilleextrakt und Mehl unterheben.

* Den Teig auf ein mit Backpapier ausgelegtes Backblech geben und zu zwei großen Kreisen mit 20 cm Durchmesser verstreichen. Im vorgeheizten Backofen bei 180 °C (Umluft) 12 Minuten backen.

**Kandierte Zitronen**

* Wasser und Zucker in einem Topf erhitzen, bis sich der Zucker vollständig aufgelöst hat. Zitronen in dünne Scheiben schneiden und in den Topf zum Sirup geben. Etwa 8 Minuten abgedeckt köcheln lassen, bis der weiße Teil der Zitrone durchsichtig geworden ist. Die Zitronenscheiben aus dem Sirup nehmen und auf einem Gitter abkühlen lassen. Den Sirup beiseitestellen und abkühlen lassen.

*Auf der nächsten Seite geht es weiter …*

**Zitronencreme**
- 250 g Mascarpone
- 1 l Sahne
- 25 g Sofortgelatine

**Füllung und Deko**
- 25 g kleine Baisers

**Zitronencreme**

* Mascarpone mit 3 EL Sahne cremig rühren. Restliche Sahne und Sofortgelatine bei ständigem Rühren hineingeben und aufschlagen, bis die Creme fest wird. Die Hälfte des Lemon Curds in die Creme einrühren.

* Den Tortenring auf einer Servierplatte platzieren und mit Schokoladenfolie auslegen.

* Einen der Biskuitböden in den Tortenring legen und mit etwas Sirup bepinseln. Die Zitronencreme in einen Spritzbeutel mit einer 15-mm-Lochtülle füllen und etwas um und auf dem Biskuitboden verteilen. Einen 2 cm hohen Rand auf den Biskuitboden spritzen. Die so entstandene Mulde mit der Hälfte des restlichen Lemon Curd befüllen und 15 g des Baisers darauf verteilen. Mit etwas mehr Zitronencreme bedecken, die Seiten füllen und den zweiten Biskuitboden darauf platzieren. Den Biskuitboden erneut mit Sirup bepinseln. Etwas Zitronencreme um und auf dem Biskuitboden verteilen und einen 2 cm hohen Rand auf den Boden spritzen. Die Mulde mit dem restlichen Lemon Curd befüllen.

* Die restliche Creme in einen Spritzbeutel mit Saint-Honoré-Tülle füllen und die Torte verzieren. Mit kandierten Zitronenscheiben und dem restlichen Baiser dekorieren.

# Windbeuteltorte
## mit Maronenfüllung

*3 Backformen, Durchmesser: 20 cm, 18 cm, 16 cm*
*Für 10–12 Personen*

**Teig**
- 130 ml Milch
- 130 ml Wasser
- 120 g Butter
- 50 g Zucker
- ½ TL Vanilleextrakt
- 130 g Weizenmehl (Type 405)
- 4 Eier (Größe M)
- etwas Milch zum Bepinseln

**Maronenfüllung**
- 180 g Mascarpone
- 300 g Sahne
- 200 g Maronencreme

**Karamell**
- 250 g Zucker

**Teig**

* Milch, Wasser, Butter, Zucker und Vanilleextrakt in einem Topf erhitzen, bis die Butter und der Zucker geschmolzen sind. Mehl in den Topf geben und mit einem Holzlöffel kräftig umrühren, bis der Teig am Kochtopfboden haften bleibt. Den Teig sollte richtig fest werden. Den Teig in eine Schüssel geben. Nach und nach Eier mit einem elektrischen Schneebesen unterrühren.

* Den Teig in einen Spritzbeutel mit einer 15-mm-Lochtülle füllen. 4–5 cm große Kugeln auf ein mit Backpapier belegtes Backblech spritzen und mit Milch bepinseln.

* Bei 180 °C (Umluft) 30–35 Minuten backen und abkühlen lassen.

**Maronenfüllung**

* Mascarpone mit 2 EL Sahne cremig rühren. Restliche Sahne hinzugeben und alles cremig und fest schlagen. Maronencreme unterrühren.

* Die Maronen-Sahne-Creme in einen Spritzbeutel mit Fülltülle füllen und die Windbeutel befüllen.

* Die drei Backformen mit Backpapier auslegen.

*Auf der nächsten Seite geht es weiter …*

## Karamell

* Einen Teil des Zuckers in einer kleinen Pfanne schmelzen, bis ein Karamell entsteht. Diesen Prozess wiederholen, bis der ganze Zucker aufgebraucht ist.

* Die gefüllten Windbeutel im Karamell schwenken. Damit den Boden und die Ränder aller Backformen auslegen. Auch die Mitte der Formen mit Windbeuteln füllen. Abkühlen lassen, bis das Karamell gefestigt ist.

* 3–5 schöne Windbeutel beiseitestellen.

* Die Backformen stürzen, das Backpapier entfernen und die Windbeutelböden auf einer Servierplatte übereinanderstellen. Mit den beiseitegestellten Windbeuteln dekorieren.

## Tipp

* Um Karamell zu bearbeiten, empfehle ich immer, Einweghandschuhe zu tragen. So verbrennt man sich nicht die Finger. Beim Verarbeiten von Karamell sollte immer ein Erwachsener dabei sein.

# Crème-brûlée-Torte

*Tortenring, Durchmesser: 18 cm; runde Backform, Durchmesser: 16 cm*
*Flambiergerät*
*Für 6 Personen*

**Boden**
- 1 Blätterteigrolle (ohne Palmfett)
- etwas Milch

**Füllung**
- 350 ml Milch
- 1 TL Vanilleextrakt
- 4 Eigelb (Größe M)
- 60 g Zucker
- 60 g Weizenmehl (Type 405)
- 200 g Erdbeeren
- 200 g Blaubeeren
- 30 g Zucker zum Karamellisieren

**Außerdem**
- etwas Fett für die Backform

**Boden**

* Blätterteig ausrollen. Einen Kreis (Durchmesser: 18 cm) ausschneiden, hierzu den Tortenring als Schablone verwenden. Genügend 6 cm breite Streifen ausschneiden, die später den Rand der Torte bilden.

* Den Teigkreis auf ein mit Backpapier ausgelegtes Backblech legen und mit Milch bepinseln. Die runde Backform (16 cm) einfetten und umgedreht auf dem Teigkreis platzieren. Die Teigstreifen rundherum an die Seiten der Backform kleben. Hierzu die Milch verwenden.

* Die Innenseiten des Tortenrings einfetten und den Tortenring um die Backform stellen.

* Den Boden im vorgeheizten Backofen bei 180 °C (Umluft) 15 Minuten backen. Die Backform (16 cm) entfernen und den Bodenweitere 10 Minuten backen.

**Füllung**

* Milch zusammen mit dem Vanilleextrakt in einem Kochtopf erhitzen.

* Eigelbe mit Zucker schlagen, bis die Masse weiß wird. Mehl hinzugeben und kurz unterrühren.

* Die warme Milch zur Eier-Zucker-Mischung geben, unterrühren und zurück in den Kochtopf geben. Die Creme unter ständigem Rühren zum Kochen bringen, bis sie dickflüssig wird wie ein Pudding. Kurz abkühlen lassen.

* Den Blätterteigboden auf einer Servierplatte platzieren und mit einem Drittel der Creme befüllen. Klein geschnittene Erdbeeren darauf verteilen. Die Hälfte der restlichen Creme darauf verteilen. Blaubeeren daraufgeben und schließlich den Rest der Creme. Den Kuchen im Kühlschrank kalt stellen.

* Für die Karamellkruste etwas Zucker auf den Kuchen streuen und flambieren.

**Tipp**

* Dieses Rezept kann man auch in kleinen Portionen als Königinnenpasteten (Bouchée à la reine) zubereiten.

# Saint-Tropez-Torte

*Runde Backform, Durchmesser: 22–24 cm*
*Für 10–12 Personen*

**Brioche**
- 42 g frische Hefe
- 250 ml Milch
- 500 g Weizenmehl (Type 405)
- 60 g Zucker
- 1 TL Vanilleextrakt
- 1 Prise Salz
- 1 Ei (Größe M)
- 60 g kalte Butter
- 2 EL Milch zum Bepinseln
- 50 g Hagelzucker

**Creme**
- 1 Vanilleschote
- 500 ml Milch
- 5 Eigelb (Größe M)
- 115 g Zucker
- 45 g Weizenmehl (Type 405)
- 225 g Butter
- 15 g Sofortgelatine

**Brioche**

* Frische Hefe in die Milch bröseln und darin auflösen. Mehl, Zucker, Vanilleextrakt und Salz vermischen. Ei und Milchmischung hinzugeben. In einer Küchenmaschine mit Knethaken kneten lassen. Butter in kleinen Stückchen hinzugeben und 5–8 Minuten weiterkneten, bis sich der Teig vom Schüsselrand löst.

* Den Teig 30 Minuten gehen lassen. Zu einer Kugel formen, in die Backform legen und weitere 30 Minuten gehen lassen. Die aufgegangene Brioche mit Milch bepinseln und mit Hagelzucker bestreuen.

* Bei 180 °C (Umluft) 30–35 Minuten backen. Die Brioche abkühlen lassen.

**Creme**

* Vanilleschote halbieren, das Mark herauskratzen und zusammen mit der Milch in einem Topf zum Kochen bringen. Eigelbe und Zucker aufschlagen, bis die Masse weiß wird. Mehl hinzugeben und nach und nach die warme Milch einrühren. Die Mischung zurück in den Topf geben und unter ständigem Rühren auf 82 °C erhitzen. 100 g der Butter hinzugeben und einrühren. Sofortgelatine unterrühren.

* Die Creme mit Frischhaltefolie abdecken und abkühlen lassen. Wenn die Creme Zimmertemperatur erreicht hat, die restliche Butter hinzugeben und alles cremig schlagen.

* Die Brioche horizontal halbieren. Die Creme in einen Spritzbeutel mit einer 15- oder 20-mm-Lochtülle füllen und auf den Boden der Brioche spritzen. Die obere Hälfte darauf platzieren.

**Tipp**

* Nur kleine Portionen servieren. Auch wenn es sehr leicht und fluffig schmeckt, wird man davon schnell satt. Immer etwas Obst oder Beeren dazu servieren!

# Mille-feuille

*Für 3–4 Personen*

**Boden**
- 3 Ausschnitte Blätterteig (20 × 10 cm), TK und ohne Palmöl
- 20 g Puderzucker

**Creme**
- 250 ml Milch
- 1 TL Vanilleextrakt
- 4 Eigelb (Größe M)
- 40 g Zucker
- 30 g Weizenmehl (Type 405)
- 100 g Butter

**Glasur**
- 100 g Puderzucker
- 1 TL Backkakao
- 1–2 EL Milch

**Boden**

* Blätterteigzuschnitte auf ein mit Backpapier ausgelegtes Backblech legen und mit Puderzucker bestreuen. Mit Backpapier bedecken und ein zweites Backblech darauflegen.

* Den Blätterteig bei 180 °C (Umluft) 20–25 Minuten backen.

**Creme**

* Milch und Vanilleextrakt in einem Topf zum Kochen bringen. Eigelbe und Zucker aufschlagen, bis die Masse weiß wird. Mehl hinzugeben und nach und nach die warme Milch einrühren. Die Mischung zurück in den Topf geben und unter ständigem Rühren auf 82 °C erhitzen. Die Creme mit Frischhaltefolie abdecken und abkühlen lassen. In kleine Stücke geschnittene Butter hineingeben und alles cremig schlagen.

* Die Ränder der Blätterteigböden sauber abschneiden. Einen der Blätterteigböden auf einer Servierplatte platzieren und etwas Creme daraufgeben. Einen weiteren Blätterteigboden auf die Cremeschicht geben und wieder mit etwas Creme bestreichen.

**Glasur**

* 20 g Puderzucker mit Backkakao mischen und etwas Milch einrühren. Den restlichen Puderzucker und mit der restlichen Milch vermischen.

* Zuerst die helle Glasur auf dem oberen Blätterteigboden verteilen. Die Schokoladenglasur in einen Spritzbeutel füllen und die Spitze ganz klein anschneiden. Streifen auf die helle Glasurschicht spritzen und mit einem Zahnstocher ein Muster in die Glasur ziehen.

* Den dekorierten Deckel auf der Mille-feuille platzieren und mindestens 40 Minuten im Kühlschrank kalt stellen.

**Tipp**

* Die Seiten der Torte mit Backpapier oder Frischhaltefolie bedecken, um zu verhindern, dass die Creme austrocknet.

# Succès
## mit Pistazien

*Für 8–10 Personen*

**Dacquoise**
- 100 g Pistazienmehl + 2 EL mehr zum Bestreuen
- 50 g Mandelmehl
- 30 g Weizenmehl (Type 405)
- 100 g Puderzucker + 2 EL mehr zum Bestreuen
- 5 Eiweiß (Größe M)
- 50 g Zucker

**Pistaziencreme**
- 20 g Pistazienpaste
- 280 ml Milch
- 5 Eigelb (Größe M)
- 50 g Zucker
- 40 g Weizenmehl (Type 405)
- 70 g Pistazien-Praliné (Pistazienaufstrich)
- 180 g Butter

**Füllung und Deko**
- 50 g gehackte Pistazien
- 10 ganze Pistazien (optional)

**Tipp**
* Sehr elegante Torte, Succès ist ein Klassiker der französischen Torten. Oft mit Haselnuss oder Mandel zubereitet, wollte ich mit Pistazien ein neues Rezept kreieren.

**Dacquoise**
* Pistazienmehl, Mandelmehl, Weizenmehl und Puderzucker miteinander vermischen. Durch ein Sieb sieben, aber auch die groben Stückchen wieder mit in die Schüssel geben.

* Eiweiße schlagen. Sobald die Masse weiß wird, Zucker hinzufügen und aufschlagen, bis der Eischnee fest wird.

* Nach und nach den Eischnee vorsichtig unter die Mehlmischung heben. Den Teig in einen Spritzbeutel mit einer 15-mm–Lochtülle füllen und zwei 18 cm große Kreise auf ein mit Backpapier belegtes Backblech spritzen. Die Kreise mit einer Mischung aus Puderzucker und Pistazienmehl bestreuen.

* Bei 175 °C 20 Minuten backen, anschließend abkühlen lassen.

**Pistaziencreme**
* Pistazienpaste in die Milch einrühren und in einem Topf zum Kochen bringen. Eigelbe und Zucker aufschlagen, bis die Masse weiß wird. Mehl hinzugeben und nach und nach die warme Milch einrühren. Die Mischung zurück in den Topf geben und unter ständigem Rühren auf 82 °C erhitzen. Die Creme in eine Schüssel geben, mit Frischhaltefolie (direkt auf die Creme legen) abdecken und auf Zimmertemperatur abkühlen lassen.

* Die Creme in einer großen Schüssel mit Pistazien-Praliné verrühren. Butter in Würfel klein schneiden, nach und nach eingeben und dabei cremig schlagen. Im Kühlschrank kalt stellen, bis die Creme fester wird.

* Die Dacquoise-Kreise vorsichtig vom Backpapier lösen. Einen der Kreise als Boden auf einer Servierplatte platzieren. Die Hälfte der Pistaziencreme als Tupfen daraufspritzen, mit Pistazien bestreuen und mit mehr Creme bedecken. Den zweiten Kreis als Deckel darauf platzieren. Die restliche Creme als Tupfen auf die Torte spritzen und mit gehackten und/oder ganzen Pistazien dekorieren.

# Pariser Kranz

*Savarin-Backform aus Silikon, Durchmesser: 24 cm*
*Für 8–10 Personen*

**Teig**
- 3 Eier (Größe M)
- 150 g Zucker
- 180 g geschmolzene Butter
- 50 g gemahlene Mandeln
- 250 g Weizenmehl (Type 405)
- ½ Tütchen Backpulver
- ½ TL Vanilleextrakt

**Creme**
- 300 ml Milch
- ½ TL Vanilleextrakt
- 4 Eigelb (Größe M)
- 40 g Zucker
- 35 g Weizenmehl (Type 405)
- 200 g Butter (zimmerwarm)

**Sirup**
- 50 ml Wasser
- 40 ml brauner Rum

**Topping**
- geröstete gehobelte Mandeln

**Teig**

* Eier und Zucker schaumig schlagen, bis die Masse heller wird. Geschmolzene Butter, gemahlene Mandeln, Mehl, Backpulver und Vanilleextrakt hinzugeben und kurz unterrühren.

* Den Teig in die Backform geben und bei 180 °C (Umluft) 40 Minuten backen. Den Kuchen abkühlen lassen.

**Creme**

* Milch und Vanilleextrakt in einem Topf zum Kochen bringen. Eigelbe und Zucker aufschlagen, bis die Masse weiß wird. Mehl hinzugeben und nach und nach die warme Milch einrühren. Die Mischung zurück in den Topf geben und unter ständigem Rühren auf 85 °C erhitzen. Die Creme in eine Schüssel geben, mit Frischhaltefolie (direkt auf die Creme legen) abdecken und bei Zimmertemperatur abkühlen lassen. Butter in Stückchen hinzugeben und alles cremig schlagen.

**Sirup**

* Wasser und Rum miteinander vermischen.

* Den abgekühlten Kuchen horizontal in drei Schichten zerteilen. Die so entstanden Böden mit Sirup bepinseln.

* Den ersten Boden auf einer Servierplatte platzieren und etwa 1 cm dick mit Creme bestreichen. Den zweiten Boden darauflegen und wieder 1 cm dick mit Creme bestreichen. Den letzten Boden darauf platzieren und die Torte mit der restlichen Creme einstreichen. Die Torte mit gerösteten, gehobelten Mandeln bedecken.

**Tipp**

* Dieser Kuchen ist eine Kreation von mir als Pendant zum Frankfurter Kranz. Mit einer Crème Mousseline (Pudding-Butter-Creme) und einem guten Schuss Rum!

# Eistorte
## »Omelette norvégienne«

*Längliche Backform aus Silikon, 25-27 cm*
*Für 8-10 Personen*

**Boden**
- 2 Eier (Größe M)
- 60 g Zucker
- ½ TL Vanilleextrakt
- 60 g Weizenmehl (Type 405)
- 3 EL Milch zum Bepinseln

**Füllung**
- 1 l Himbeereis
- 50 g Himbeeren (frisch oder TK)
- 1 l Vanilleeis
- 2 Birnen aus der Dose, klein geschnitten

**Baiser**
- 225 g Zucker
- 40 ml Wasser
- 75 g Eiweiß

**Boden**

* Eier trennen. Eiweiße steif schlagen und Zucker einrühren, bis der Eischnee glänzend und fest ist. Vorsichtig Eigelbe, Vanilleextrakt und Mehl unterheben.

* Den Teig auf ein mit Backpapier ausgelegtes Backblech geben und verteilen. Im vorgeheizten Backofen bei 180 °C (Umluft) 12 Minuten backen.

* Den Biskuitboden vom Backpapier lösen und in 2 Streifen, passend zur Backform, schneiden. Mit Milch bepinseln und abkühlen lassen.

**Füllung**

* Die Backform mit Frischhaltefolie auslegen und den Boden mit Himbeereis bestreichen. Himbeeren auf die Eisschicht geben und mit einem Biskuitstreifen bedecken. Vanilleeis auf den Biskuit geben und klein geschnittene Birnen darauf verteilen. Den zweiten Biskuitstreifen darauflegen und leicht andrücken.

* Die Eistorte für mindestens 4 Stunden im Gefrierschrank kalt stellen.

**Baiser**

* Kurz vor dem Servieren das Baiser zubereiten. Zucker und Wasser in einem Topf zum Kochen bringen. Eiweiß schlagen, sobald der Zucker eine Temperatur von 110 °C hat. Wenn der Zucker eine Temperatur von 117 °C erreicht hat, den Zuckersirup zum Eiweiß geben. Die Masse 2 Minuten schlagen, bis sie auf 42 °C abgekühlt ist.

* Die Eistorte mit der Baiser-Masse bedecken. Entweder mit einem Flambiergerät flambieren oder kurz für 1–2 Minuten im Backofen bräunen.

**Tipp**

* Eine nicht zu süße Eissorte (Obst) aussuchen für dieses Rezept, weil die Baiser-Masse schon sehr süß ist.

# Haselnusstorte

*Runde Backform, Durchmesser: 16 cm, und eine zweite runde Backform aus Silikon, Durchmesser: 18 cm*
*Für 6–8 Personen*

**Teig**
- 100 g Zartbitter-schokolade
- 100 g Butter
- 2 Eier (Größe M)
- 50 g Zucker
- 50 g Weizenmehl (Type 405)
- 50 g gemahlene Haselnüsse
- ¼ TL Salz

**Füllung**
- 150 ml Milch
- 2 Eigelb (Größe M)
- 20 g Zucker
- 15 g Weizenmehl (Type 405)
- 100 g Haselnuss-Praliné (Haselnussaufstrich)
- 30 g Haselnusskrokant

**Creme**
- 300 g Schokolade
- 250 g Sahne

**Deko**
- 225 g Mirror Glaze (fertige Spiegelglasur)
- Haselnusskrokant
- ganze Haselnüsse

**Außerdem**
- etwas Butter zum Bestreichen der Backform
- etwas Backkakao zum Bestäuben der Backform

**Teig**

* Schokolade und Butter zusammen schmelzen lassen. Eier und Zucker schaumig schlagen, bis die Masse heller wird. Mehl, gemahlene Haselnüsse, Salz und die geschmolzene Schokoladen-Butter-Mischung hinzugeben und alles cremig rühren.

* Die Backform (16 cm) mit Butter einfetten und mit Backkakao bestäuben. Den Teig in die Form geben und bei 180 °C (Umluft) 20 Minuten backen. Den Kuchen abkühlen lassen und aus der Form nehmen.

**Füllung**

* Milch in einem Topf erhitzen. Eigelbe und Zucker cremig schlagen, bis die Masse weiß wird. Mehl hinzugeben und nach und nach die warme Milch einrühren. Die Mischung zurück in den Topf geben und unter ständigem Rühren auf 82 °C erhitzen. Die Creme vom Herd nehmen und das Haselnuss-Praliné einrühren.

* Die Creme in die Backform (16 cm) geben und mit Krokant bestreuen. Mit Frischhaltefolie abdecken und im Kühlschrank kalt stellen.

**Creme**

* Schokolade in der Sahne schmelzen lassen und im Kühlschrank kalt stellen. Die kalte Masse wie eine Mousse au Chocolat schlagen.

* Ein Drittel der Schokoladenmousse in die Backform aus Silikon (18 cm) geben und auf dem Boden und an den Rändern verstreichen. Die Haselnussfüllung mittig auf die Creme in die Backform geben. Den Schokoladenkuchen darauf platzieren und mit der restlichen Creme bedecken. Die Torte für 2–3 Stunden im Gefrierschrank kalt stellen. Die Torte aus der Form lösen.

**Deko**

* Die Mirror Glaze auf 37 °C erhitzen. Die Torte auf einem Gitter platzieren und mit der Glasur übergießen. Mit Haselnusskrokant und ganzen Haselnüssen dekorieren.

# Paris-Brest

*Für 8–10 Personen*

### Teig
- 100 ml Milch + etwas mehr zum Bepinseln
- 100 ml Wasser
- 80 g Butter
- 30 g Zucker
- ½ TL Vanilleextrakt
- 100 g Weizenmehl (Type 405)
- 3 Eier
- 50 g gehobelte Mandeln

### Creme
- 300 ml Milch
- ½ TL Vanilleextrakt
- 4 Eigelb (Größe M)
- 30 g Zucker
- 40 g Weizenmehl (Type 405)
- 250 g Butter
- 250 g Haselnuss-Praliné (Haselnussaufstrich)

### Füllung
- 50 g Haselnuss-Praliné (Haselnussaufstrich)

### Teig
* Milch, Wasser, Butter, Zucker und Vanilleextrakt in einem Topf erhitzen, bis die Butter und der Zucker geschmolzen sind. Mehl in den Topf hinzugeben und mit einem Holzlöffel kräftig umrühren, bis der Teig am Kochtopf leicht anbrennt. Den Teig in eine Schüssel geben. Nach und nach die Eier mit einem elektrischen Schneebesen unterrühren.

* Den Teig in einen Spritzbeutel mit großer Sterntülle füllen. Etwa 22 cm große Ringe auf ein mit Backpapier belegtes Backblech spritzen. Die Ringe mit Milch bepinseln und mit gehobelten Mandeln bestreuen.

* Bei 180 °C (Umluft) 40 Minuten backen und vollständig abkühlen lassen.

### Creme
* Milch und Vanilleextrakt in einem Topf zum Kochen bringen. Eigelbe und Zucker aufschlagen, bis die Masse weiß wird. Mehl hinzugeben und nach und nach die warme Milch einrühren. Die Mischung zurück in den Topf geben und unter ständigem Rühren auf 85 °C erhitzen. Die Creme in eine Schüssel geben, mit Frischhaltefolie (direkt auf die Creme legen) abdecken und bei Zimmertemperatur abkühlen lassen.

* Butter und Haselnuss-Praliné cremig schlagen. Die abgekühlte Creme hinzugeben und alles cremig schlagen. Die Creme in einen Spritzbeutel mit Petit-Four-Tülle füllen.

* Die Windbeutelringe auf eine Servierplatte legen. Das obere Drittel der Ringe abschneiden. Die unteren Teile mit der Creme bespritzen und die Haselnuss-Praliné mittig darauf verteilen. Die abgeschnittenen Deckel auf der Creme platzieren. Für mindestens 30 Minuten im Kühlschrank kalt stellen.

### Tipp
* Beim Backen einen Holzkochlöffel in der Backofentür platzieren, damit die Feuchtigkeit des Teigs gut abdampfen kann. Die Tür nicht direkt nach dem Backen öffnen, sondern den Brandteig langsam im Backofen abkühlen lassen, sonst fällt der Teig zusammen.

# Opéra-Torte
## mit Nussnougat

*Für 8–10 Personen*

**Biskuitboden**
- 4 Eier (Größe M)
- 120 g Zucker
- ½ TL Vanilleextrakt
- 120 g Weizenmehl (Type 405)

**Schokoladenschicht**
- 4 EL lösbarer Kaffee
- 120 ml Wasser
- 100 g Zartbitterschokolade

**Ganache**
- 150 g Zartbitterschokolade (66 % Kakaogehalt)
- 150 g Sahne

**Creme**
- 200 g Gianduja
- 160 g Sahne
- 50 g Mascarpone

**Glasur**
- 200 g Zartbitterschokolade
- 15 g Traubenkernöl (alternativ: Rapsöl)

**Biskuitboden**

* Eier trennen. Eiweiße steif schlagen und Zucker einrühren, bis der Eischnee glänzend und fest ist. Vorsichtig Eigelbe, Vanilleextrakt und Mehl unterheben.

* Den Teig auf zwei mit Backpapier belegte Backbleche verteilen und dünn verstreichen. Bei 180 °C (Umluft) 10 Minuten backen und abkühlen lassen.

**Schokoladenschicht**

* Kaffee im Wasser lösen und die Biskuitböden damit bepinseln. Zartbitterschokolade schmelzen und auf beiden Böden verstreichen. Kalt stellen, bis die Schokoladenschicht ausgehärtet ist.

**Ganache**

* Schokolade in der Sahne schmelzen lassen und kalt stellen. Die Biskuitböden umdrehen und die Seiten ohne Schokoladenschicht mit der abgekühlten Ganache bestreichen. Die Böden kalt stellen.

* Die Biskuitböden vertikal halbieren und jeweils die mit Ganache bestrichenen Seiten aufeinanderlegen.

*Auf der nächsten Seite geht es weiter …*

### Creme

* Gianduja mit 50 ml Sahne in einem Topf schmelzen lassen und gut verrühren. Im Kühlschrank kalt stellen. Die abgekühlte Masse zusammen mit der restlichen Sahne und Mascarpone cremig schlagen.

* Einen der zusammengeklappten Biskuitböden mit der Creme bestreichen. Den anderen Biskuitboden darauf platzieren und für mindestens 1 Stunde im Kühlschrank kalt stellen.

### Glasur

* Schokolade mit Öl in einem Topf schmelzen lassen und verrühren. Kurz abkühlen lassen und die kalte Torte damit bestreichen.

### Tipps

* Der Kuchen sieht als Ganzes fantastisch aus, er lässt sich aber nicht so gut schneiden, wenn Gästen kommen. Ich empfehle daher, ihn vorher in einzelne Portionen zu schneiden und erst dann mit der Schokoladenglasur zu verzieren.

* Als Dekor habe ich einen Siegel-Stempel auf die geschmolzene Schokolade gedrückt und das Muster mit essbarem Goldpulver eingefärbt.

# Eierlikörtorte

*Tortenring, Durchmesser: 20 cm*
*Für 8–10 Personen*

**Biskuitboden**
- 60 g Walnusskerne
- 60 g Weizenmehl (Type 405)
- 2 Eier (Größe M)
- 60 g Zucker
- 1 TL Vanilleextrakt
- 40 g geschmolzene Butter

**Mousse au Chocolat mit Eierlikör**
- 250 g Zartbitterschokolade
- 550 g Sahne
- 3 EL Eierlikör

**Eierlikörcreme**
- 200 ml Eierlikör
- 18 g Sofortgelatine
- 500 g Quark (40 % Fettgehalt)
- 30 g Zucker

**Füllung und Deko**
- 1 Dose Birnen (alternativ: Pfirsiche)
- ein paar Walnüsse
- etwas gehackte Schokolade
- 180 g Sauerkirschen

**Biskuitboden**

* Walnusskerne fein mixen. Mehl und gemahlene Walnüsse vermischen. Eier trennen. Eiweiße steif schlagen und Zucker einrühren, bis der Eischnee glänzend und fest ist. Vorsichtig Eigelbe, Vanilleextrakt, geschmolzene Butter und die Walnuss-Mehl-Mischung unterheben.

* Den Tortenring auf ein mit Backpapier ausgelegtes Backblech setzen und den Teig hineinfüllen. Bei 180 °C (Umluft) für 15–18 Minuten backen. Den Biskuitboden abkühlen lassen und aus dem Tortenring nehmen.

**Mousse au Chocolat mit Eierlikör**

* Schokolade in 120 g Sahne schmelzen. Eierlikör unterrühren und im Kühlschrank abkühlen lassen. Die Masse mit der restlichen Sahne steif schlagen.

**Eierlikörcreme**

* Eierlikör und Sofortgelatine miteinander vermischen. Quark und Zucker hinzugeben und einrühren.

**Füllung und Deko**

* Die Innenseiten des Tortenrings mit Schokoladenfolie auskleiden. Den Biskuitboden und den Tortenring auf einer Servierplatte platzieren. Zwei Drittel der Mousse au Chocolat daraufgeben und mit geviertelten Birnen bedecken. Die Eierlikörcreme darauf verteilen und die Torte für mindestens 1 Stunde im Kühlschrank kalt stellen. Mit der restlichen Mousse au Chocolat verzieren.

* Mit restlichen Birnen, Nüssen, Schokolade und Sauerkirschen dekorieren.

# Marquise au Chocolat

*Längliche Backform aus Silikon, Länge: 28–30 cm*
*Für 8–10 Personen*

**Eistorte**
- 400 g Zartbitterschokolade
- 180 g Butter
- 4 Eier (Größe M)
- 70 g Puderzucker
- 1 EL Zucker
- 1 Prise Salz

**Vanillesauce**
- 500 ml Milch
- ½ TL Vanille
- 4 Eigelb (Größe M)
- 50 g Zucker
- 30 g Speisestärke

**Eistorte**
* Schokolade und Butter schmelzen und abkühlen lassen.

* Eier trennen. Puderzucker und Eigelbe cremig schlagen, bis die Masse weiß wird. Die Schokoladen-Butter-Mischung hinzugeben und einrühren.

* Eiweiße schaumig schlagen. Wenn die Masse weiß wird, Zucker sowie die Prise Salz hinzufügen und weiterschlagen, bis der Eischnee fest ist. Eischnee vorsichtig in die Schokoladen-Butter-Masse heben.

* Die Masse in die Backform geben und für mindestens 12 Stunden im Tiefkühlschrank kalt stellen.

**Vanillesauce**
* Milch und Vanille in einem Topf erhitzen.

* Eigelbe und Zucker cremig schlagen, bis die Masse weiß wird. Speisestärke einrühren. Die warme Vanillemilch mit der Eiermischung verrühren. Alles zurück in den Topf geben und unter ständigem Rühren erhitzen, bis die Masse eine Temperatur von 79 °C erreicht (die Creme darf nicht kochen). Sobald die Vanillesauce leicht dickflüssig wird, aus dem Topf in eine Schüssel umfüllen und abkühlen lassen.

* Die Eistorte aus der Form lösen und mit Vanillesauce servieren.

**Tipp**
* Zartbitterschokolade mit 64 bis 80 % Kakaogehalt verwenden. Je dunkler, desto besser wird die Marquise.

# Concorde

*Für 10–12 Personen*

**Schokoladen-Baiser**
- 5 Eiweiß (Größe M)
- 180 g Zucker
- 180 g Puderzucker
- 60 g Backkakao

**Mousse au Chocolat**
- 300 g Zartbitterschokolade (70 % Kakaogehalt)
- 500 g Sahne

**Deko**
- 100 g Zartbitterschokolade (70 % Kakaogehalt)

**Schokoladen-Baiser**

* Eiweiße schaumig schlagen. Wenn die Masse anfängt, weiß zu werden, nach und nach Zucker einrühren, bis der Eischnee glänzend und fest ist. Puderzucker und Kakao vermengen, in den Eischnee sieben und vorsichtig unterheben.

* Die Baiser-Masse in einen Spritzbeutel mit einer 15-mm-Lochtülle füllen. Drei 16–18 cm große Kreise auf ein mit Backpapier belegtes Backblech spritzen. Mit dem restlichen Teig einige 10 cm lange Streifen spritzen.

* Das Schokoladen-Baiser bei 115 °C (Umluft) 1 Stunde backen und abkühlen lassen.

**Mousse au Chocolat**

* Zartbitterschokolade in 200 g Sahne schmelzen, im Kühlschrank abkühlen lassen. Die Masse mit der restlichen Sahne steif schlagen.

* Einen der Baiser-Kreise auf einer Servierplatte platzieren. Mit Mousse au Chocolat etwa 2 cm dick einstreichen und mit dem nächsten Baiser bedecken. Mousse au Chocolat daraufgeben und 2 cm dick verstreichen. Mit dem letzten Baiser-Kreis bedecken. Die Torte mit der restlichen Mousse au Chocolat einstreichen. Die Baiser-Streifen am Tortenrand platzieren und leicht in die Mousse au Chocolat eindrücken.

**Deko**

* Zartbitterschokolade schmelzen und auf einem flachen Teller verstreichen. Abkühlen lassen, sobald die Schokolade fest ist, mit einem Schaber abkratzen, sodass kleine Röllchen entstehen. Die Torte mit den Schokoladenröllchen dekorieren.

**Tipps**

* Man kann dieses Rezept auch mit normalem Baiser ohne Kakao zubereiten.

* Obst kann in der Mitte des Kuchen versteckt werden: Himbeeren, Blaubeeren, Birnenstückchen …

# Béret-basque-Torte

*Runde Backform, Durchmesser: 14–16 cm*
*Für 6–8 Personen*

**Biskuitboden**
- 60 g Weizenmehl (Type 405)
- 1 EL Backkakao
- 2 Eier (Größe M)
- 60 g Zucker
- 1 TL Vanilleextrakt
- 2 EL brauner Rum
- 50 ml Wasser

**Schokoladencreme**
- 150 g Schokolade
- 250 g Sahne

**Deko**
- 80 g Schokoladenstreusel

**Biskuitboden**

* Mehl und Kakao vermischen. Eier trennen. Eiweiße steif schlagen und Zucker einrühren, bis der Eischnee glänzend und fest ist. Vorsichtig Eigelbe, Vanilleextrakt und die Mehl-Kakao-Mischung unterheben.

* Den Teig in die Backform geben. Im vorgeheizten Backofen bei 180 °C (Umluft) 20 Minuten backen und abkühlen lassen.

* Rum und Wasser miteinander vermischen.

**Schokoladencreme**

* Schokolade zusammen mit 150 g Sahne schmelzen und kalt stellen. Wenn die Creme kühl, aber noch flüssig ist, die restliche Sahne hinzugeben und alles cremig schlagen.

* Den Biskuitboden horizontal in drei Schichten schneiden. Jeden Boden mit etwas der Rum-Wasser-Mischung einpinseln.

* Den ersten Biskuitboden auf einer Servierplatte platzieren und mit etwas Schokocreme einstreichen. Den zweiten Boden darauflegen, leicht andrücken und wieder mit Creme bestreichen. Den dritten Boden darauf platzieren, leicht andrücken und die ganze Torte mit der restlichen Schokoladencreme einstreichen. Die Torte für 10 Minuten im Kühlschrank kalt stellen.

**Deko**

* Die abgekühlte Torte mit Schokoladenstreuseln verzieren.

**Tipps und Variationen**

* Durch den Rum bekommt die Torte einen leichten Haselnussgeschmack. Wer keinen Rum mag, kann stattdessen auch Kaffee oder Milch auf den Biskuitboden pinseln.

* Man kann den Biskuitboden ebenso mit Dinkelmehl zubereiten.

# Trianon oder Royal
## Schokoladentorte

*Tortenring, Durchmesser: 18 cm*
*Für 10–12 Personen*

**Boden**
- 50 g Puderzucker
- 60 g gemahlene Haselnüsse
- 2 Eiweiß (Größe M)
- 10 g Zucker

**Ganache**
- 150 g Zartbitterschokolade (70 % Kakaogehalt)
- 150 g Sahne
- 70 g Haselnuss-Praliné (Nuss-Nougat-Creme ohne Palmöl)
- 30 g Crêpes dentelles (alternativ: Cornflakes)

**Mousse au Chocolat**
- 350 g Zartbitterschokolade (66 % Kakaogehalt)
- 500 g Sahne

**Deko**
- 70 g Zucker
- ganze Haselnüsse

**Außerdem**
- mehrere Zahnstocher

**Tipps**
* Kleine Portionen schneiden, da der Kuchen sehr gehaltvoll ist.
* Man kann die Torte auch mit Milchschokolade zubereiten.

**Boden**
* Puderzucker und gemahlene Haselnüsse vermengen und sieben.
* Eiweiße steif schlagen und Zucker einrühren, bis der Eischnee glänzend und fest ist. Den Eischnee vorsichtig unter die Haselnuss-Puderzucker-Mischung heben.
* Den Teig auf ein mit Backpapier ausgelegtes Backblech in den Tortenring füllen. Bei 140 °C (Umluft) 30–40 Minuten backen. Den Teigboden abkühlen lassen und aus dem Tortenring nehmen.

**Ganache**
* Schokolade in der Sahne schmelzen und mit Haselnuss-Praliné vermischen. Kurz abkühlen lassen und die Crêpes dentelles in kleinen Stückchen unterheben.
* Die Innenseiten des Tortenrings mit Schokoladenfolie auskleiden. Boden und Tortenring auf einer Servierplatte platzieren und die noch flüssige Ganache daraufgeben. Abkühlen lassen.

**Mousse au Chocolat**
* Schokolade in 175 g Sahne schmelzen. Die restliche Sahne steif schlagen und vorsichtig unter die abgekühlte Schokoladenmasse heben.
* Die Mousse au Chocolat auf die Ganache im Tortenring geben und die Torte für mindestens 3 Stunden im Kühlschrank kalt stellen.

**Deko**
* Zucker in einem Kochtopf schmelzen, sodass ein Karamell entsteht. Jeweils 1 Haselnuss auf einen Zahnstocher piksen. Die Haselnüsse in das leicht abgekühlte Karamell tunken und aus dem Karamell nach oben ziehen, damit lange Fäden entstehen. Abkühlen lassen, damit das Karamell aushärtet – am besten kopfüber trocknen lassen, damit die Karamellfäden weiter nach unten fließen können. Dazu zum Beispiel die Zahnstocher in einen Karton stechen.

KAPITEL 3

# TARTES

# Tatin aux pommes
## Apfeltarte

*Runde Backform, Durchmesser: 26 cm*
*Für 6–8 Personen*

**Apfelfüllung**
- 8 festkochende Äpfel (z. B. Pink Lady)
- 300 g Zucker
- ½ TL Vanilleextrakt
- 800 ml Wasser

**Boden**
- 250 g Weizenmehl (Type 405) + etwas mehr für die Arbeitsfläche
- 35 g Zucker
- 125 g Butter
- 1 Ei (Größe M)
- 2 Prisen Salz
- ½ TL Vanilleextrakt

**Karamell**
- 200 g Zucker
- 50 g Butter
- ¼ TL Salz (oder mehr nach Geschmack)

**Apfelfüllung**

* Äpfel schälen, vierteln und in einem Kochtopf zusammen mit Zucker, Vanilleextrakt und Wasser zum Kochen bringen. Der Zucker sollte sich komplett auflösen. Die Äpfel 5 Minuten bedeckt köcheln lassen, dann aus dem Topf nehmen und beiseitestellen.

**Boden**

* Alle Zutaten miteinander verkneten. Den Teig auf einer bemehlten Arbeitsfläche 1 cm dick ausrollen, sodass er in die Backform passt.

**Karamell**

* 70 g Zucker in einem Kochtopf bei schwacher Hitze schmelzen lassen. Nicht rühren, den Topf nur leicht schütteln. Sobald der Zucker zu schmelzen beginnt, den restlichen Zucker nach und nach einrieseln lassen, bis ein helles Karamell entsteht. Butter in kleinen Stückchen hinzugeben und unterrühren. Nach Geschmack salzen.

* Das Karamell in die Backform gießen und verteilen. Die Apfelstücke auf das Karamell legen und den Teig darauf drapieren. Die Seiten leicht eindrücken und den Teig mit einer Gabel einstechen.

* Die Tarte bei 180 °C (Umluft) 35 Minuten backen und auf eine Servierplatte stürzen. Nicht zu lange warten, sonst wird das Karamell fest.

# Schwarzwälder-Kirsch-Tarte

*Quadratische Tarteform, Kantenlänge: 23 cm*
*Für 5–6 Personen*

**Tarteboden**
- 175 g Weizenmehl (Type 405)
- 2 EL Backkakao + etwas mehr zum Ausrollen
- 80 g Butter
- 1 Eigelb (Größe M)
- 3–4 EL Wasser

**Biskuitboden**
- 1 Ei (Größe M)
- 30 g Zucker
- 30 g Weizenmehl (Type 405)
- 1 EL Backkakao

**Füllung**
- 50 g Zartbitterschokolade (70 % Kakaogehalt)
- 320 g Kirschmarmelade
- 2 EL Kirschwasser (alternativ: Kirscharoma)
- 250 g frische entkernte Kirschen

**Sahnecreme**
- 150 g Mascarpone
- 30 g Zucker
- 1 TL Vanilleextrakt
- 250 ml Sahne

**Deko**
- einige Schokoladenstückchen
- frische Kirschen

**Tarteboden**

* Alle Zutaten miteinander verkneten und mit etwas Backkakao dünn (0,5 cm) ausrollen. Den ausgerollten Teig in die Tarteform legen und den überstehenden Rand sauber abschneiden.

* Den Teig mit einer Gabel einstechen und 20 Minuten blindbacken.

**Biskuitboden**

* Das Ei trennen, Eiweiß aufschlagen und nach und nach Zucker hinzugeben. Eigelb, Mehl und Backkakao kurz unterrühren. Den Teig auf einem mit Backpapier ausgelegten Backblech dünn verstreichen. Den Biskuitboden bei 180 °C (Umluft) 8 Minuten backen, abkühlen lassen und vom Backpapier lösen.

**Füllung**

* Schokolade schmelzen und den Tarteboden damit bepinseln. Die Hälfte der Kirschmarmelade auf der getrockneten Schokoladenschicht verteilen. Den Biskuitboden passend zuschneiden, in die Tarteform legen und mit Kirschwasser anfeuchten. Entkernte Kirschen klein schneiden und auf dem Biskuitboden verteilen. Die restliche Kirschmarmelade darauf verstreichen und kalt stellen.

**Sahnecreme**

* Mascarpone, Zucker und Vanilleextrakt verrühren. 2 EL Sahne hinzugeben und alles cremig rühren. Die restliche Sahne zugeben und aufschlagen. Die Creme in einen Spritzbeutel mit Saint-Honoré-Tülle füllen und auf die Tarte spritzen.

**Deko**

* Mit Schokoladenstückchen und frischen Kirschen dekorieren.

# Deutsch-französische Tarte
## mit Pflaumen

*Quadratische Tarteform, Kantenlänge: 23 cm*
*Für 5–6 Personen*

**Tarteboden**
- 250 g Weizenmehl (Type 405) + etwas mehr für die Arbeitsfläche
- 50 g Zucker
- 125 g Butter
- 1 Ei (Größe M)
- ½ TL Vanilleextrakt

**Füllung**
- 800 g Pflaumen

**Streusel**
- 100 g Weizenmehl (Type 405)
- 50 g Zucker
- 50 g Butter

**Tarteboden**
* Alle Zutaten miteinander verkneten. Den Teig auf einer bemehlten Arbeitsfläche dünn ausrollen. Den Teig in die Form legen und den überstehenden Rand sauber abschneiden.
* Den Teig mit einer Gabel einstechen und bei 180 °C (Umluft) 20 Minuten blindbacken.

**Füllung**
* Pflaumen entkernen, vierteln und auf den Teig in die Tarteform legen.

**Streusel**
* Alle Zutaten miteinander verkneten, sodass Streusel entstehen, und auf die Pflaumen streuen.
* Im vorgeheizten Backofen bei 180 °C (Umluft) 30 Minuten backen.

**Tipp**
* Dieses Rezept schmeckt auch mit Aprikosen oder Beeren sehr gut.

# Aprikosen-Kokosnuss-Tarte

*Tartering oder Tarteform mit abnehmbarem Boden, Durchmesser: 20 cm*
*Für 5–6 Personen*

**Tarteboden**
- 130 g Weizenmehl (Type 405) + etwas mehr für die Arbeitsfläche
- 30 g Zucker
- 60 g Butter
- 1 Ei (Größe S)
- ½ TL Vanilleextrakt

**Kokoscreme**
- 60 g weiche Butter
- 60 g Zucker
- 1 TL Vanilleextrakt
- 1 Ei (Größe M)
- 80 g Kokosraspel

**Aprikosengelee**
- 130 g Aprikosen-Coulis
- 7 g Sofortgelatine

**Topping**
- 7–8 frische Aprikosen
- etwas Aprikosen-Coulis zum Bepinseln

**Außerdem**
- etwas Fett für die Tarteform

**Tarteboden**

* Alle Zutaten miteinander verkneten. Den Teig auf einer bemehlten Arbeitsfläche 0,5 cm dünn ausrollen. Den Teig in die gefetteteForm legen und den überstehenden Rand sauber abschneiden.

* Den Teig mit einer Gabel einstechen und 20 Minuten blindbacken.

**Kokoscreme**

* Butter, Zucker und Vanilleextrakt cremig schlagen. Ei und Kokosraspel einrühren.

* Die Kokoscreme auf dem vorgebackenen Tarteboden verteilen. 3–4 Aprikosen vierteln und auf die Creme geben.

* Die Tarte bei 170 °C (Umluft) 25 Minuten backen und abkühlen lassen.

**Aprikosengelee**

* Aprikosen-Coulis und Sofortgelatine miteinander vermischen und 2–3 Minuten ziehen lassen.

* Das Gelee auf der Tarte verteilen.

* Die restlichen Aprikosen halbieren und in dünne Scheiben schneiden. Die Aprikosenscheiben als Spirale auf die Tarte legen und mit etwas Aprikosengelee bepinseln.

# Rhabarber-Tarte graphique

*Längliche Tarteform, Durchmesser: 35 cm*
*Für 3–4 Personen*

**Tarteboden**
- 250 g Weizenmehl (Type 405) + etwas mehr für die Arbeitsfläche
- 60 g Zucker
- 125 g Butter
- 1 Ei (Größe M)
- ½ TL Vanilleextrakt

**Mandelcreme**
- 200 g Butter (zimmerwarm)
- 180 g Zucker
- 2 Eier (Größe M)
- 200 g gemahlene Mandeln
- 1 Päckchen Vanillezucker

**Topping**
- 250–300 g Rhabarber
- 2–3 EL Aprikosengelee

**Außerdem**
- etwas Fett für die Tarteform

**Tarteboden**

* Alle Zutaten miteinander verkneten. Den Teig auf einer bemehlten Arbeitsfläche dünn ausrollen. Den Teig in die gefettete Form legen und den überstehenden Rand sauber abschneiden.

* Den Teig mit einer Gabel einstechen und 20 Minuten blindbacken.

**Mandelcreme**

* Butter und Zucker cremig schlagen. Eier, gemahlene Mandeln und Vanillezucker einrühren.

**Topping**

* Rhabarber schälen und leicht schräg in Stücke schneiden, sodass die Stückchen gleich lang und breit sind.

* Die Mandelcreme auf den Tarteboden geben und verteilen. Die Rhabarberstückchen als Blumenmuster auf der Creme verteilen, sodass die roten Stückchen die Blumen und die grünen den Hintergrund bilden.

* Die Tarte bei 175–180 °C (Umluft) 50 Minuten backen. Abkühlen lassen und mit Aprikosengelee bepinseln.

# Salzbutter-Karamell-Tarte

*Runde Backform aus Silikon, Durchmesser: 20 cm;*
*Quichering, Durchmesser: 26 cm*
*Für 10–12 Personen*

**Boden**
- 250 g Weizenmehl (Type 405)
- 30 g Zucker
- 2 Prisen Salz
- 1 Ei (M)
- 125 g Butter

**Füllung**
- 400 ml Wasser
- 150 g Zucker
- ½ TL Vanilleextrakt
- 600 g Äpfel (in Stückchen geschnitten)
- 20 g Sofortgelatine

**Creme**
- 500 g Quark (40 % Fettgehalt)
- 200 g Crème fraîche
- 2 Eier (Größe M)
- 50 g Zucker
- ½ TL Vanilleextrakt

**Sahne**
- 100 g Mascarpone
- 300 ml Sahne
- 7 g Sofortgelatine
- 150 g Salzbutter-Karamell-Creme (flüssig)

**Deko**
- 1 Apfel, in Scheiben geschnitten
- einige Karamellbonbons

**Boden**
* Alle Zutaten miteinander verkneten. Den Teig auf einer bemehlten Arbeitsfläche 0,8 cm dünn ausrollen, in den Quichering legen und 20 Minuten blindbacken.

**Füllung**
* Wasser, Zucker und Vanilleextrakt in einem Topf köcheln lassen, bis sich der Zucker aufgelöst hat. Apfelstückchen hineingeben und weiterköcheln, bis die Äpfel weich und gerade noch so mit Flüssigkeit bedeckt sind. Sofortgelatine einrühren. Die Füllung in die Silikonform geben und kalt stellen, bis sie fest wird.

**Creme**
* Alle Zutaten cremig rühren.

* Die Creme auf den vorgebackenen Boden geben und bei 170 °C (Umluft) 45 Minuten backen. Abkühlen lassen.

**Sahne**
* Mascarpone mit 2–3 EL Sahne cremig rühren. Restliche Sahne und Sofortgelatine dazugeben und alles steif schlagen. Die flüssige Salzbutter-Karamell-Creme unterheben. Die Sahne in einen Spritzbeutel mit großer Sterntülle füllen.

* Die ausgehärtete Apfelfüllung mittig auf den abgekühlten Tortenboden geben. Die Sahnecreme den Rand entlangspritzen. Die Torte mit Karamellbonbons und Apfelscheiben dekorieren.

**Tipp**
* Wer das Sahnerezept mag, kann sie einfrieren, um »Karamell-Eiscreme« zu genießen!

# Croustade

*Runde Tarteform mit abnehmbarem Boden, Durchmesser: 22–24 cm*
*Für 6–8 Personen*

**Füllung**
- 5–6 Äpfel (z. B. Pink Lady)
- 30 g Zucker
- 3 EL Orangensaft
- 1 TL Vanilleextrakt

**Teig**
- 125 g Butter
- 10 Blätter Strudelteig ohne Palmöl
- 10 EL Zucker

**Füllung**
* Äpfel schälen und in dicke Scheiben schneiden. Mit Zucker, Orangensaft und Vanilleextrakt vermischen.

**Teig**
* Butter schmelzen. Strudelblätter mit Butter bepinseln und Zucker darüberstreuen.

* 5 Strudelblätter versetzt in die Backform legen.

* Die Apfelstückchen auf die Strudelblätter in die Form geben. Nur die Hälfte des entstandenen Safts mit in die Form lassen.

* Die restlichen 5 Strudelblätter zerknüllen und auf den Äpfeln drapieren.

* Die Croustade bei 180 °C (Umluft) 20 Minuten backen.

**Tipp**
* Filoteig ist auch eine gute Alternative zu Strudelteig.

# Flan pâtissier

*Runde Backform, Durchmesser: 26 cm*
*Für 6–8 Personen*

**Boden**
- 250 g Weizenmehl (Type 405)
- 125 g Butter
- 60 g Zucker
- 1 TL Vanilleextrakt
- 1 Ei (Größe M)

**Puddingfüllung**
- 650 ml cremige Mandelmilch (alternativ: Hafermilch)
- 4 Eier (Größe M)
- 100 g Zucker
- 1 TL Vanilleextrakt
- 70 g Weizenmehl (Type 405)
- 250 g Himbeeren

**Deko**
- Beeren
- Minze oder Melisse
- etwas Puderzucker

**Außerdem**
- etwas Butter zum Einfetten der Backform
- ca. 1 EL Mehl zum Bestäuben der Backform

**Boden**

* Alle Zutaten miteinander verkneten. Den Teig 6–8 mm dünn ausrollen.

* Die Backform mit Butter einfetten und mit Mehl bestäuben. Den ausgerollten Teig in die Backform legen und den überstehenden Rand abschneiden.

* Den Boden 20 Minuten blindbacken.

**Puddingfüllung**

* Mandelmilch in einem Kochtopf kurz erhitzen.

* Eier, Zucker und Vanilleextrakt in einer Schüssel schaumig schlagen. Mehl sieben und kurz unter die Eiermischung rühren.

* Die warme Milch zur Eiermischung geben, unterrühren und zurück in den Kochtopf geben. Die Creme auf dem Herd bei mittlerer Hitze rühren, bis sie dickflüssig wie ein Pudding wird.

* Die Hälfte des Puddings auf den blindgebackenen Boden geben, Himbeeren darauf verteilen und mit dem restlichen Pudding bedecken.

* Den Flan pâtissier bei 170 °C (Umluft) 40– 45 Minuten backen. Abkühlen lassen und mit frischen Beeren, Minz- oder Melissenblättern und Puderzucker dekorieren.

**Tipp**

* Man kann die Füllung auch mit 325 ml Milch und 325 ml Sahne zubereiten.

KAPITEL 4

# BESONDERE ANLÄSSE

# Faschingstorte

*Tortenring, Durchmesser: 16 cm*
*Für 6–8 Personen*

**Biskuitboden:**
- 4 Eier (Größe M)
- 160 g Zucker
- 160 g Weizenmehl (Type 405)
- 1 EL Zitronenaroma
- Lebensmittelfarben (Rot, Rosa, Orange, Gelb, Grün, Blau)
- 50 ml Milch zum Bepinseln

**Creme**
- 250 g weiße Schokolade
- 310 g Sahne (130 g + 180 g)
- 1 EL Zitronenaroma
- 120 g Mascarpone

**Füllung**
- 300 g bunte Bonbons

**Deko**
- etwas Creme (siehe Teilrezept »Creme«)
- Lebensmittelfarben (Rot, Gelb, Blau, Grün)

**Tipp**
* Die Torte für mindestens 2 Stunden im Kühlschrank kalt stellen.

**Biskuitboden**
* Die Eier trennen. Eiweiße aufschlagen und nach und nach Zucker hinzugeben. Eigelbe, Mehl und Aroma kurz unterrühren. Den Teig auf 6 Schüsseln aufteilen und jeweils eine Lebensmittelfarbe einrühren.

* Die verschieden gefärbten Teige auf mit Backpapier ausgelegte Backbleche geben und zu Kreisen von jeweils 14 cm Durchmesser verstreichen. Die Biskuitböden bei 180 °C (Umluft) 8–10 Minuten backen, abkühlen lassen und vom Backpapier lösen.

* Alle Böden aufeinanderlegen und die Ränder gleichmäßig und sauber abschneiden. Die einzelnen Böden mit Milch bepinseln.

* Mit einem 5 cm großen, runden Ausstecher mittig einen Kreis aus den oberen fünf Biskuitböden stechen. Der rote Boden bleibt ganz, er dient später als Deckel.

**Creme**
* Weiße Schokolade, 130 g Sahne und Zitronenaroma schmelzen und verrühren. Über Nacht im Kühlschrank kalt stellen. Die abgekühlte Ganache und Mascarpone mit 2 EL Sahne einrühren. Die restliche Sahne dazugeben und cremig schlagen.

* Den blauen Biskuitboden auf einer Servierplatte platzieren und mit der Creme bestreichen. Den grünen Boden darauflegen und wieder mit Creme bestreichen. Diesen Vorgang mit dem gelben, orangen und rosafarbenen Biskuitboden wiederholen.

* Die bunten Bonbons in die ausgestochene Öffnung der Torte füllen. Die Torte mit dem roten Biskuitboden verschließen und vollständig mit Creme einstreichen (dabei etwas Creme für die Deko übrig lassen).

**Deko**
* Jeweils 1 EL Creme in 4 Gläser geben und mit Lebensmittelfarbe vermischen (Rot, Gelb, Blau, Grün). Die eingefärbten Cremeportionen an der Innenseite eines Spritzbeutels verstreichen. Die restliche weiße Creme mittig in den Spritzbeutel geben und die Torte damit verzieren.

# Ostereier-Kuchen

*2 Tassen à 125 ml*
*Für 3–4 Personen*

**Großes Osterei**
- 2 Eier (Größe L)
- 100 g Zucker
- 120 g Weizenmehl (Type 405)
- 60 g gemahlene Mandeln
- 30 g geschmolzene Butter
- ½ TL Vanilleextrakt

**Füllung**
- Schokoladeneier

**Weiße Ganache**
- 30 g weiße Schokolade
- 10 g Sahne

**Kleine Ostereier**
- 50 g Zartbitterschokolade
- 40 g Sahne

**Deko**
- 200 g weiße Schokolade
- fettlösliche Lebensmittelfarbe

**Außerdem**
- etwas Butter zum Einfetten der Tassen
- ca. 1 EL Mehl zum Bestäuben der Tassen

**Tipp**
* Die Ei-Form gelingt besonders gut, wenn man eine ovale Tasse und eine kleine runde Tasse hat, um das große Osterei zu backen.

**Großes Osterei**
* Eier trennen. Eiweiße steif schlagen und Zucker einrühren, bis der Eischnee glänzend und fest ist. Vorsichtig Eigelbe, Mehl, gemahlene Mandeln, geschmolzene Butter und Vanilleextrakt unterheben.

* Die Tassen mit Butter einfetten und mit Mehl bestäuben. Den Teig eingießen und bei 180 °C (Umluft) 20 Minuten backen. Die Kuchen aus den Tassen nehmen und abkühlen lassen.

**Weiße Ganache**
* Weiße Schokolade in der Sahne schmelzen. Abkühlen lassen.

* Den oberen Teil der Kuchen gerade abschneiden, sodass beide Kuchen zusammenpassen und eine Eiform entsteht. Die Mitte der Kuchen aushöhlen und den ausgehöhlten Kuchenrest beiseitestellen. Die Hohlräume mit Schokoladeneiern befüllen. Den oberen Rand beider Kuchen mit Ganache bestreichen und die Eierhälften zusammensetzen. Den Ostereikuchen in Frischhaltefolie wickeln und im Gefrierschrank kalt stellen.

**Kleine Ostereier**
* Zartbitterschokolade in der Sahne schmelzen. Die Kuchenreste der großen Ostereier zerbröseln und in die Zartbitter-Ganache mischen.

* Aus der Masse kleine Kugeln rollen, zu Eiern formen und im Gefrierschrank kalt stellen.

**Deko**
* Weiße Schokolade schmelzen.

* Ein Kuchengitter auf einem tiefen Teller platzieren. Die Ostereier-Kuchen auf das Gitter stellen und mit der geschmolzenen Schokolade begießen.

* Die restliche, im Teller aufgefangene Schokolade mit Lebensmittelfarbe färben und die Ostereier-Kuchen damit dekorieren.

# Osternest-Kuchen

*Savarin-Backform, Durchmesser: 24 cm*
*Für 10–12 Personen*

**Teig**
- 3 Teebeutel Earl Grey
- 225 ml Milch
- 3 Eier (Größe M)
- 250 g Zucker
- 250 g geschmolzene Butter
- ½ TL Vanilleextrakt
- 350 g Weizenmehl (Type 405)
- 1 Tütchen Backpulver
- 1 Prise Salz

**Sirup**
- 300 ml Wasser
- 50 ml Zitronensaft
- 50 g Zucker

**Ganache**
- 250 g weiße Schokolade
- 200 g Sahne

**Deko**
- 50 g feiner Krokant
- 150 g weiße Schokolade
- Schokoladeneier

**Teig**
* Den Tee 5 Minuten in heißer Milch ziehen lassen.
* Eier und Zucker aufschlagen, bis die Masse weiß wird. Geschmolzene Butter, Vanilleextrakt, Mehl, Backpulver, Salz und die Tee-Milch-Mischung hinzugeben und einrühren.
* Den Teig in die Backform geben und bei 170 °C (Umluft) 45–50 Minuten backen.

**Sirup**
* Wasser mit Zitronensaft und Zucker in einem Topf zum Köcheln bringen, bis der Zucker geschmolzen ist. Den Sirup vollständig abkühlen lassen.
* Den Sirup auf den noch warmen Kuchen in die Backform gießen. Abkühlen lassen.

**Ganache**
* Weiße Schokolade in 100 g Sahne schmelzen und 30 Minuten im Kühlschrank abkühlen lassen. Die restliche kalte Sahne hinzugeben und alles cremig schlagen.

**Deko**
* Den abgekühlten Kuchen mit der Ganache einstreichen und mit Krokant bestreuen. Den Kuchen kalt stellen.
* Weiße Schokolade schmelzen und kurz abkühlen lassen, bis sie dickflüssiger ist. Die Schokolade in einen Spritzbeutel füllen und die Spitze fein abschneiden. Auf eine Backmatte Ringe in der Größe der Backform spritzen und kalt stellen. Die Ringe von der Backmatte lösen und auf den Kuchen legen. Mit Schokoladeneiern dekorieren.

**Tipp**
* Den Kuchen beim Bestreuen auf ein Backbleck stellen. So fällt der restliche Krokant ins Backblech und nicht überall auf den Boden.

# Möhrenkuchen

*Savarin-Backform aus Silikon, Durchmesser: 24 cm*
*Für 8–10 Personen*

**Teig**
- 3 Eier (Größe M)
- 180 g Zucker
- 180 g Weizenmehl (Type 405)
- 1 Tütchen Backpulver
- 180 g geschmolzene Butter
- 150 g gekochter Möhrenbrei

**Marmelade**
- 150 g Rhabarber
- 150 g Erdbeeren
- 2 EL Wasser
- 200 g Gelierzucker (3 : 1)

**Creme**
- 120 g Mascarpone
- 50 g Zucker
- 1 Messerspitze grüne Lebensmittelfarbe
- 200 g Sahne

**Deko**
- 3–4 Erdbeeren
- 4–5 Babymöhren

**Teig**

* Eier trennen. Eiweiße mit 1 EL Zucker zu einem leichten Baiser aufschlagen. Eigelbe mit dem restlichen Zucker cremig schlagen, bis die Masse weiß wird. Mehl und Backpulver sieben und kurz einrühren. Butter mit Möhrenbrei vermischen und in den Teig rühren. Den Eischnee vorsichtig unter den Teig heben.

* Den Teig in die Backform füllen. Ein Backblech mit 500 ml Wasser befüllen und auf die unterste Schiene des Backofens geben. Den Kuchen auf einem Gitter in der Mitte des Backofens platzieren und bei 180 °C (Umluft) 40–45 Minuten backen. Den Kuchen abkühlen lassen.

**Marmelade**

* Rhabarber schälen. Rhabarber und Erdbeeren klein schneiden und in einem Kochtopf mit etwas Wasser zum Kochen bringen. Gelierzucker hinzugeben und 3 Minuten köcheln lassen. Die Marmelade kalt stellen.

**Creme**

* Mascarpone zusammen mit Zucker und Lebensmittelfarbe aufschlagen. Nach und nach Sahne dazugeben, bis die Masse cremig und fest wird.

* Einen Ring aus dem oberen Teil des Kuchens höhlen und mit der Marmelade befüllen. Die Creme in einen Spritzbeutel mit breiter Ruban-Tülle füllen und auf den Kuchen spritzen, sodass die Marmelade bedeckt wird.

* Den Kuchen mit Erdbeeren und Babymöhren dekorieren.

# Herztorte
## zum Muttertag

*Runde Backform, Durchmesser: 16–18 cm; quadratische Backform, Kantenlänge: 23 cm*
*Für 20 Personen*

**Kuchenteig**
- 3 Eier (Größe L)
- 300 g Zucker
- 300 g Butter
- 220 ml Milch
- 50 ml Holunderblütensirup + 4 EL mehr zum Bepinseln
- 380 g Weizenmehl (Type 405)
- 1 Tütchen Backpulver
- 1 Prise Salz
- 100 ml Wasser zum Bepinseln

**Erdbeercreme**
- 350 ml Milch
- 1 TL Vanilleextrakt
- 5 Eigelb (Größe M)
- 80 g Zucker
- 40 g Weizenmehl (Type 405)
- 180 g Erdbeer-Coulis
- 20 g Sofortgelatine
- 180 g Mascarpone
- 250 ml Sahne
- 2 Messerspitzen rote Lebensmittelfarbe

**Kuchenteig**

* Eier und Zucker in einer Schüssel schaumig schlagen, bis die Masse weiß wird. Butter mit Milch und Sirup in einem Kochtopf zum Schmelzen bringen. Mehl, Backpulver und Salz vermischen und zu der Eiermischung sieben. Die leicht abgekühlte Butter-Milch-Sirup-Mischung dazugeben und alles miteinander vermischen.

* Die Backformen mit Butter einfetten und mit Mehl bestäuben. Den Teig gleichmäßig auf beide Backformen verteilen. Bei 180 °C (Umluft) 45 Minuten backen und abkühlen lassen.

**Erdbeercreme**

* Milch und Vanilleextrakt in einem Topf zum Kochen bringen. Eigelbe und Zucker aufschlagen, bis die Masse weiß wird. Mehl hinzugeben und nach und nach die warme Milch einrühren. Die Mischung zurück in den Topf geben und unter ständigem Rühren auf 82 °C erhitzen. Die Creme mit Frischhaltefolie (direkt auf die Creme legen) abgedeckt abkühlen lassen.

* Erdbeer-Coulis mit Sofortgelatine vermischen und die abgekühlte Creme einrühren. Im Kühlschrank kalt stellen.

* Mascarpone mit 3 EL Sahne in einer kalten Schüssel aufschlagen. Den Rest der Sahne und die Lebensmittelfarbe (und optional Zucker) hinzugeben und steif schlagen.

* Etwas von der Mascarpone-Sahne-Mischung in die abgekühlte Creme geben und vorsichtig unterheben. Die restliche Mascarpone-Sahne-Mischung hineingeben und alles cremig rühren.

*Auf der nächsten Seite geht es weiter …*

**Füllung und Deko**
- frische Erdbeeren, in Stückchen geschnitten
- Schokoladenperlen
- kandierte Blüten

**Außerdem**
- etwas Butter zum Einfetten der Backformen
- ca. 1 EL Mehl zum Bestäuben der Backformen

* Den runden Kuchen horizontal und vertikal halbieren, sodass zwei Halbkreise aus je zwei Schichten entstehen. Den quadratischen Kuchen horizontal halbieren. Die Deckel der Kuchen flach abschneiden. 4 EL Holunderblütensirup mit Wasser vermischen und die Böden damit bepinseln.

* Die Halbkreise mit der geraden Seite an zwei nebeneinanderliegende Seiten des quadratischen Kuchens legen. Den quadratischen Kuchen auf die Länge der Halbkreise zuschneiden, sodass die Form eines Herzens entsteht. Abgeschnittene Ränder aufbewahren.

* Die Hälfte der Erdbeercreme in einen Spritzbeutel mit einer 15- oder 20-mm-Lochtülle füllen.

* Die untere Schicht der Herztorte mit etwa 3 EL Erdbeercreme bestreichen. Etwas Creme als Tupfen an den Rand der Torte spritzen. Erdbeeren in Stückchen am inneren Rand entlang auf dem Tortenboden verteilen. Die abgeschnittenen Kuchenränder als »Gerüst« auf den Tortenboden geben. Die leeren Zwischenräume des »Gerüsts« mit Erdbeerstückchen füllen. Erdbeercreme daraufgeben und glatt streichen.

* Die zweite Schicht der Böden auf der Torte platzieren und mit etwa 3 EL Erdbeercreme bestreichen.

* Die restliche Erdbeercreme in einen Spritzbeutel mit einer Petit-Four-Tülle füllen und die Herztorte damit dekorieren. Die Torte mit Schokoladenperlen und kandierten Blüten verzieren.

# Pfingstkuchen
## »Le Colombier«

*Runde Backform, Durchmesser: 20 cm*
*Für 8–10 Personen*

**Kuchenteig**
- 3 Eier (Größe M)
- 1 EL Zucker
- 120 g gemahlene Mandeln
- 80 g Puderzucker
- 70 g Weizenmehl (Type 405)
- 1 TL Backpulver
- 50 g kandierte Orangenschale (Orangeat)
- 50 g kandierte Zitronenschale (Zitronat)
- 1 kandierte Clementine
- 2–3 EL Grand Marnier
- 40 g Olivenöl
- 3 EL grob gehackte Mandeln
- 2 EL ganze Pistazien

**Glasur und Deko**
- 50–60 g Puderzucker
- etwas Zitronensaft
- 20 g gehackte Pistazien

**Kuchenteig**

* 1 Ei trennen. Das Eiweiß mit dem Zucker steif schlagen. Gemahlene Mandeln und Puderzucker vorsichtig unter den Eischnee heben. Das Eigelb und die restlichen Eier hinzugeben und cremig schlagen.

* Mehl und Backpulver vermischen. Kandierte Orangen-, Zitronenschale und Clementine klein schneiden und zum Mehl geben. Die Mischung in die Eimasse sieben und die bemehlten kandierten Obstschalenstücke im Sieb auffangen.

* Grand Marnier und Olivenöl zum Teig geben und alles miteinander verrühren.

* Die bemehlten kandierten Obstschalenstücke, grob gehackte Mandeln und Pistazien zum Teig geben und vermengen.

* Den Teig in die Backform gießen und bei 200 °C (Umluft) 10 Minuten backen, dann bei 180 °C (Umluft) für weitere 12–15 Minuten im Backofen lasen. Den Kuchen abkühlen lassen und auf eine Servierplatte stürzen.

**Glasur und Deko**

* Puderzucker und Zitronensaft zu einer Glasur vermischen.

* Die Silhouette einer Taube auf ein Blatt Papier drucken (oder selbst aufmalen) und ausschneiden.

* Eine dünne Schicht Glasur auf dem Kuchen verstreichen. Das Blatt mit dem Ausschnitt der Taube auf dem Kuchen platzieren. Gehackte Pistazien in den Hohlraum der Schablone streuen und andrücken. Das Blatt entfernen und die restliche Glasur vorsichtig um die Taube herum verstreichen.

**Tipp**

* Kandierte Früchte sind sehr lange haltbar. Sie werden in Frankreich zu Pfingsten und Weihnachten genossen. Ich empfehle immer, ein paar Früchte aufzubewahren, um leckere Kuchen damit zu verfeinern.

# Zauberwürfel-Kuchen

## zur Einschulung

*Backform aus Silikon mit würfelförmigen Mulden (3,5 cm pro Mulde, insgesamt 27 Mulden)*
*Für 8–10 Personen*

**Teig**
- 100 g Weizenmehl (Type 405)
- 100 g gemahlene Mandeln
- 100 g Puderzucker
- 3 Eiweiße (Größe M)
- 120 g geschmolzene Butter
- 120 g Obst (z. B. Himbeeren, Erdbeeren, Blaubeeren, Kirschen, Aprikosen)

**Deko**
- 500 g weiße Schokolade
- 4 unterschiedliche fettlösliche Lebensmittelfarben (Rot, Gelb, Blau, Grün)

**Teig**

* Alle Zutaten – mit Ausnahme des Obstes – miteinander vermischen und auf die 27 Mulden der Backform verteilen. In jede Mulde klein geschnittenes Obst geben.

* Die Küchlein bei 170 °C (Umluft) 15–18 Minuten backen und abkühlen lassen. Dann aus der Form lösen und die Backformen säubern und trocknen.

**Deko**

* Weiße Schokolade schmelzen und in 4 Schüsseln aufteilen. In jede Schüssel eine Lebensmittelfarbe geben und in die Schokolade damit einfärben.

* Die Mulden mit etwas geschmolzener, bunter Schokolade einpinseln und jeweils ein abgekühltes Küchlein in eine Mulde drücken. Dann mit der restlichen Schokolade (in der passenden Farbe) verschließen. Die Küchlein im Kühl- oder Gefrierschrank kalt stellen.

* Aus zwei Tortenuntersetzern aus Karton drei 12 cm breite Quadrate schneiden.

* Die ausgehärteten Würfel aus der Backform lösen und auf den ersten Untersetzer stellen. Diesen Vorgang noch zweimal wiederholen. Auf jedem Untersetzer sollten jeweils 9 Würfel im Quadrat stehen.

# Gehirn-Kuchen

*Runde Backform, Durchmesser: 19–20 cm*
*Für 6–8 Personen*

**Kuchenteig**
- 4 Eier (Größe M)
- 125 g Zucker
- 125 g Weizenmehl (Type 405)
- 30 g gemahlene Mandeln
- 60 g geschmolzene Butter
- 1 TL Backpulver
- 1 TL Vanilleextrakt

**Füllung**
- 200 g Johannisbeergelee

**Ganache**
- 150 g weiße Schokolade
- 190 g Sahne

**Deko**
- 500–600 g Marzipan (Rohmasse)
- 300–350 ml Himbeer-Coulis

**Außerdem**
- etwas Butter zum Einfetten der Backform
- ca. 1 EL Mehl zum Bestäuben der Backform

**Tipps**
* Der Kuchen (ohne Coulis) kann eigefroren und dann an Halloween aufgetaut werden.

* Den Kuchen wirklich erst kurz vor dem Servieren mit Himbeer-Coulis übergießen, sonst wird alles matschig.

* Mit den Händen arbeiten. Ich fand das Auftragen und Verteilen der Coulis mit einem Pinsel schwieriger.

**Kuchenteig**
* Eier trennen. Eiweiße steif schlagen und Zucker einrühren, bis der Eischnee glänzend und fest ist. Vorsichtig Eigelbe, Mehl, gemahlene Mandeln, geschmolzene Butter, Backpulver und Vanilleextrakt unterheben.

* Die Backform mit Butter einfetten und mit Mehl bestäuben. Den Teig eingießen und bei 180 °C (Umluft) 50–55 Minuten backen. Den Kuchen vollständig abkühlen lassen und aus der Form nehmen.

**Füllung**
* Johannisbeergelee in eine mit Frischhaltefolie ausgekleidete Schüssel geben und einfrieren.

**Ganache**
* Weiße Schokolade in 40 g Sahne schmelzen und für mindestens 1 Stunde im Kühlschrank abkühlen lassen. Die restliche Sahne hinzugeben und alles cremig schlagen.

* Den Boden des Kuchens abschneiden und einen Hohlraum in den Kuchen schneiden. Das gefrorene Johannisbeergelee in den Hohlraum geben. Das Loch mit dem abgeschnittenen Boden bedecken und die Seiten mit Ganache verschließen.

* Den Kuchen in die grobe Form eines Gehirns schneiden. Dazu die unteren Seiten abrunden und eine längliche Einkerbung in die obere Mitte schneiden, um die zwei Gehirnhälften darzustellen.

* Den ganzen Kuchen mit Ganache einstreichen.

**Deko**
* Marzipan zu dickeren Schnüren rollen und diese zu »Gehirnteilen« schlängeln. Die »Gehirnteile« auf beiden »Gehirnhälften« anordnen und den Kuchen kalt stellen.

* Kurz vor dem Servieren mit Himbeer-Coulis übergießen.

**Tipp**
* Wer eine Alternative zur Himbeer-Coulis sucht: bitte keine Erdbeer-Coulis verwenden, da diese dazu neigt, sich grau zu verfärben.

# Zauberkessel-Kuchen

*Glasschüssel, Durchmesser: 16 cm*
*Für 4–6 Personen*

**Schokoladenkuchen**
- 200 g Zartbitter-schokolade
- 125 g Butter
- 4 Eier (Größe M)
- 80 g Zucker
- ½ TL Vanilleextrakt
- 125 g Weizenmehl (Type 405)
- ½ Tütchen Backpulver

**Deko**
- 70 g Marzipan
- etwas Lebensmittelfarbe (Rot, Gelb)

**Glasur**
- 225 g Zartbitterschokolade
- 1 EL Lebensmittelfarbe (Schwarz)

*Auf der nächsten Seite geht es weiter ...*

**Schokoladenkuchen**

* Schokolade und Butter schmelzen. Eier, Zucker und Vanilleextrakt cremig schlagen, bis die Masse heller wird. Die geschmolzene Schokoladen-Butter-Mischung einrühren. Mehl und Backpulver hinzugeben und kurz unterrühren.

* Die Glasschüssel mit Butter einstreichen und mit Backkakao bestreuen. Den Teig in die Schüssel geben und bei 180 °C (Umluft) 50 Minuten backen. Den Kuchen kalt stellen.

* Den oberen, aufgegangenen Teil des Kuchens dick als Deckel abschneiden. Aus der Mitte des Kuchens einen Hohlraum auslöffeln. Aus dem ausgelöffelten Teig eine 1–2 cm dicke Scheibe abschneiden, um die Griffe daraus zu basteln.

**Deko**

* Marzipan 0,3–0,5 cm dünn ausrollen. Einige 7–8 cm hohe Flammenformen daraus ausschneiden. Die Flammen mit roter und gelber Lebensmittelfarbe bepinseln und trocknen lassen.

* Eine kleine, 5 cm lange Wurst für den Henkel des Deckels ausrollen und trocknen lassen.

**Glasur**

* Schokolade schmelzen und mit schwarzer Lebensmittelfarbe vermischen.

* Den Kuchen umgedreht auf ein Kuchengitter legen und mit der flüssigen Schokolade übergießen. Den Kuchen kalt stellen. Wenn die Schokolade getrocknet ist, den Kuchen wieder richtig herum drehen. Mit etwas restlicher geschmolzener Schokolade die Flammen am unteren Teil des Kuchens anbringen.

* Den abgeschnittenen Kuchendeckel und den Marzipanhenkel mit etwas geschmolzener Schokolade übergießen. Den Henkel mittig auf dem Deckel platzieren.

* Die 1–2 cm dicke Scheibe in zwei Halbkreise halbieren und ebenfalls mit Schokolade übergießen.

* Alles kalt stellen, bis die Schokolade fest ist.

### Ganache
- 30 g Zartbitterschokolade
- 30 g Sahne

### Füllung
- 150 g bunte Süßigkeiten

### Außerdem
- etwas Butter zum Einfetten der Glasschüssel
- ca. 1 EL Backkakao zum Bestäuben der Glasschüssel
- ein paar Zahnstocher

### Ganache
* Schokolade in der Sahne schmelzen und im Kühlschrank kalt stellen. Die kalte Creme aufschlagen und in einen Spritzbeutel mit einer 12-mm-Lochtülle füllen. Auf den oberen Rand des Kessels einen Kreis aus Ganache spritzen.

* Den restlichen ausgehöhlten Kuchenteig auf einer Servierplatte zerbröseln, sodass es aussieht wie Asche. Den Kessel-Kuchen darauf platzieren.

* Die zwei Halbkreise als Griffe an den Seiten des Kessels befestigen. Dazu Zahnstocher als Hilfe nehmen.

* Bunte Süßigkeiten in den Hohlraum des Kuchens füllen. Den Deckel auf dem Zauberkessel platzieren.

### Tipp
* Süßigkeiten in Rot und Grün verwenden, die sehen besonders gruselig aus!

# Iglu-Kuchen

*Schüssel, Durchmesser: 18–20 cm*
*Für 5–6 Personen*

**Ganache**
- 200 g weiße Schokolade
- 250 g Sahne
- 1 Prise gemahlene Tonkabohnen

**Kuchenteig**
- 60 g weiche Butter
- 120 g Zucker
- 1 TL Vanilleextrakt
- 2 Eier (Größe M)
- 150 g Weizenmehl (Type 405)
- 1 TL Backpulver
- 40 g Kokosraspel
- 120 ml Milch

**Füllung**
- 160 g Mango-Coulis
- 7 g Sofortgelatine

**Deko**
- Kokosraspel

**Tipp**
* Den Iglu-Kuchen mit Kokosraspeln bestreuen.

**Ganache**
* Weiße Schokolade in 150 g Sahne schmelzen und über Nacht im Kühlschrank abkühlen lassen. Am nächsten Tag die restliche Sahne hinzugeben und alles cremig schlagen.

**Kuchenteig**
* Butter, Zucker und Vanilleextrakt cremig schlagen. Eier nach und nach unterrühren. Mehl, Backpulver und Kokosraspel zum Teig geben und kurz unterrühren. Milch hinzugeben und alles cremig rühren. Den Teig auf ein mit Backpapier ausgelegtes Backblech geben und glatt streichen. Den Kuchen bei 180 °C (Umluft) 15 Minuten backen, dann abkühlen lassen.

**Füllung**
* Mango-Coulis und Sofortgelatine vermischen und 10 Minuten ziehen lassen.

* Den abgekühlten Kuchen vertikal in zwei Hälften zerteilen. Eine Kuchenhälfte in 3–4 cm breite Streifen schneiden. Diese Streifen in 5 cm lange Rechtecke schneiden. 3 Kreise aus der anderen Kuchenhälfte schneiden: einen mit 5 cm, einen mit 8 cm und einen mit 13 cm Durchmesser. Für den Eingang des Iglus noch einen 10 cm langen und 4 cm breiten Streifen schneiden.

* Die Schüssel mit Frischhaltefolie auskleiden und die kleinen Rechtecke versetzt am Boden und Rand der Schüssel platzieren. 2 EL der Ganache auf den Kuchen in die Schüssel geben und am Boden und Rand verstreichen. Den kleinsten Kuchenkreis in der Schüssel am Boden platzieren und leicht andrücken. Mango-Coulis darauf geben und mit dem mittleren Kreis bedecken. Etwas Ganache auf dem Kuchen verstreichen und mit dem letzten Kuchenkreis verschließen. Den Kuchen für mindestens 30–40 Minuten im Tiefkühlschrank kalt stellen.

* Den gekühlten Kuchen auf eine Servierplatte stürzen und die Frischhaltefolie entfernen. Mit der restlichen Ganache bestreichen und die Rechtecke mit einem Zahnstocher nachziehen, sodass sie als »Eisblöcke« zu erkennen sind. Den Kuchenstreifen für den Eingang biegen, mit Ganache am Iglu befestigen und einstreichen.

# Weihnachtskugel-Kuchen

*Savarin-Backform aus Silikon, Durchmesser: 24 cm;*
*Halbkugelform aus Silikon, Durchmesser 7–8 cm*
*Für 10–12 Personen*

**Teig**
- 4 Eier (Größe M)
- 150 g Zucker
- 180 g Butter (Zimmertemperatur)
- ⅓ TL Vanilleextrakt
- 220 g Weizenmehl (Type 405)
- 100 g Kokosraspel
- 125 ml Milch

**Glasur und Deko**
- 500–600 g Zartbitterschokolade
- 1 Handvoll kleine Pralinen
- glänzende Lebensmittelfarbe (Gold, Silber, Bronze ...)
- 10 kleine Schokoladenkugeln (Durchmesser: 2–3 cm)

**Teig**

* Eier trennen. Eiweiße zu festem Eischnee aufschlagen. Zucker, Butter, Vanilleextrakt und Eigelbe cremig schlagen. Mehl und Kokosraspel hinzugeben und kurz unterrühren. Nach und nach Milch einrühren. Eischnee vorsichtig unter den Teig heben.

* Den Teig in die Backform füllen und bei 180 °C (Umluft) 40 Minuten backen.

**Glasur und Deko**

* 200 g Zartbitterschokolade schmelzen. Den Kuchen aus der Backform nehmen. Die Backform mit einem feuchtem Tuch kurz säubern. Die geschmolzene Schokolade in die noch warme Form pinseln. Den Kuchen zurück in die Form geben, leicht andrücken und abkühlen lassen.

* Die restliche Schokolade schmelzen, in die Halbkugelform pinseln und kalt stellen. Die ausgehärtete Schokoladenhalbkugel aus der Form lösen. Den Vorgang 6- bis 8-mal wiederholen (es sollten am Ende 3–4 ganze Kugeln sein). Die Hälfte der Halbkugeln mit kleinen Pralinen befüllen. Die Halbkugeln am geraden Rand mit etwas geschmolzener Schokolade bestreichen und jeweils zwei Halbkugeln zu einer ganzen Kugel zusammenkleben. Diese zurück in die Form legen und für mindestens 30 Minuten im Kühlschrank kalt stellen.

* Den Kuchen auf eine Servierplatte stürzen. Die großen und kleinen Schokoladenkugeln mit glänzender Lebensmittelfarbe bepinseln. Die großen Schokoladenkugeln mithilfe der restlichen geschmolzenen Schokolade auf dem Kuchen platzieren. Mit den kleinen Schokoladenkugeln dekorieren.

# Adventskranz-Kuchen

*Savarin-Backform, Durchmesser: 24 cm*
*Für 12–14 Personen*

**Kuchenteig**
- 70 g kandierte Orangen (Orangeat)
- 40 g Mandeln (ganz)
- 4 Eier (Größe M)
- 160 g geschmolzene Butter
- 2 EL Honig
- 120 g Zucker
- 130 g Weizenmehl (Type 405)
- 70 g gemahlene Mandeln
- 1 Tütchen Backpulver
- 1 EL weihnachtliche Gewürzmischung
- 60 g backfeste Schokoladenperlen

**Ganache**
- 350 g weiße Schokolade
- 400 g Sahne (150 g + 250 g)
- grüne fettlösliche Lebensmittelfarbe

**Deko**
- etwas weihnachtliche Schokolade

**Außerdem**
- etwas Butter zum Einfetten der Backform
- ca. 1 EL Mehl zum Bestäuben der Backform

**Kuchenteig**

* Kandierte Orangen klein schneiden und ganze Mandeln grob hacken. Eier, Butter, Honig, Zucker, Mehl, gemahlene Mandeln, Backpulver und die Gewürzmischung in einer Schüssel cremig rühren. Orangenstückchen, gehackte Mandeln und Schokoladenperlen hinzugeben und unterrühren.

* Die Backform mit Butter einfetten und mit Mehl bestäuben. Den Teig in die Backform füllen und den Kuchen im vorgeheizten Backofen bei 180 °C (Umluft) 35–40 Minuten backen. Den Kuchen abkühlen lassen.

**Ganache**

* Weiße Schokolade in 150 g Sahne schmelzen. Grüne Lebensmittelfarbe einrühren und über Nacht im Kühlschrank abkühlen lassen. Nach und nach die restliche Sahne hinzugeben und alles cremig schlagen.

* Die Ganache in einen Spritzbeutel mit Saint-Honoré-Tülle füllen und den Kuchen verzieren. Mit weihnachtlicher Schokolade dekorieren.

**Tipp**

* Für das Dekor kleine Advent-Schokoladen nehmen und sie bunt mit Lebensmittelfarben bepinseln.

# Nougat glacé

*Längliche Backform aus Silikon, Durchmesser: 25 cm*
*Für 6–8 Personen*

**Baiser-Nougat**
- 90 g Zucker
- 60 g Honig
- 50 g Eiweiß
- 100 g Mascarpone
- 180 g Sahne
- 40 g gehackte Mandeln
- 40 g gehackte Haselnüsse
- 40 g gehackte Pistazien
- 20 g fertiges Baiser
- 100 g gefrorene Himbeeren
- etwas Himbeer-Coulis (optional)

**Baiser-Nougat**

* Zucker und Honig in einem Topf zum Kochen bringen. Eiweiß schlagen, sobald der Zucker eine Temperatur von 110 °C hat. Wenn der Zucker eine Temperatur von 117 °C erreicht hat, den Zuckersirup zum Eiweiß geben. Die Masse für etwa 2 Minuten schlagen, bis sie auf 42 °C abgekühlt ist. Kurz abkühlen lassen.

* Mascarpone mit 2 EL Sahne verrühren. Nach und nach die restliche Sahne hinzugeben und zu einer festen Schlagsahne schlagen.

* Gehackte Mandeln, Nüsse und Schlagsahne vorsichtig unter die Baiser-Masse heben. Das fertige Baiser zerbröseln, die gefrorenen Himbeeren hinzugeben und vorsichtig unterheben.

* Die Baiser-Masse in die Backform geben und für mindestens 4 Stunden im Tiefkühlschrank kalt stellen. Den gefrorenen Nougat auf eine Servierplatte stürzen und nach Wahl mit Himbeer-Coulis servieren.

# Pavlova-Torte

*Für 5-6 Personen*

**Baiser**
- 80 g Eiweiß
- 180 g Zucker

**Sahnecreme**
- 125 g Mascarpone
- 150 g Sahne
- 1 TL Vanilleextrakt

**Deko**
- 350-400 g Obst nach eigener Wahl

**Baiser**

* Eiweiß schaumig schlagen. Wenn die Masse anfängt, weiß zu werden, nach und nach Zucker einrühren, bis der Eischnee glänzend und fest ist. Die Masse sollte sich verdoppelt haben.

* Das Baiser in einen Spritzbeutel geben. Einen 14-16 cm großen Kreis auf ein mit Backpapier belegtes Backblech spritzen. Den Baiser so spiralförmig hochspritzen, dass die Torte einen 4-5 cm hohen Rand hat. Für 1 Stunde trocknen lassen.

* Das Baiser bei 120 °C (Umluft) 1 Stunde backen, dann abkühlen lassen.

**Sahnecreme**

* Mascarpone mit 3 EL Sahne verrühren. Die restliche Sahne und Vanilleextrakt hinzugeben und alles zu einer festen Sahnecreme schlagen.

**Deko**

* Das abgekühlte Baiser auf einer Servierplatte platzieren. Die Sahnecreme mittig auf das Baiser geben und nach Belieben mit Obst dekorieren.

# Vacherin-Torte

*Tortenring, Durchmesser 18–20 cm*
*Für 10–12 Personen*

**Baiser**
- 70 g Eiweiß
- 70 g Zucker
- 1 Messerspitze wasserlösliche Lebensmittelfarbe (Rot)
- 50 g Puderzucker

**Füllung**
- 1 l Vanilleeis
- 1 l Beereneis (z. B. Himbeereis, Brombeereis …)
- 400 g TK-Beeren-Mischung (einen kleinen Teil zum Dekorieren beiseitelegen)

**Sahnecreme**
- 150 g Mascarpone
- 250 ml Sahne

**Tipp**
* Da hier mit Eis gearbeitet wird, sollte alles schnellstmöglich zubereitet werden, sonst schmilzt die Torte.

**Baiser**
* Eiweiß steif schlagen. Nach und nach Zucker einrühren, bis der Eischnee glänzend und fest ist.

* Einen Teil des Baisers als Kreis von 18–20 cm Durchmesser auf ein mit Backpapier ausgelegtes Backblech spritzen.

* 3 EL des Baisers mit roter Lebensmittelfarbe färben und an der Innenseite eines Spritzbeutels mit breiter Ruban-Tülle verteilen. Die restliche (weiße) Baiser-Masse in die Mitte des Spritzbeutels geben und lange Streifen auf ein mit Backpapier ausgelegtes Backblech spritzen.

* Alle Baiser-Teile mit Puderzucker bestreuen und mindestens 1 Stunde trocknen lassen. Danach bei 80 °C (Umluft) 1,5 Stunden backen. Abkühlen lassen und vorsichtig vom Backpapier lösen.

**Füllung**
* Den Boden des Tortenrings von außen mit Frischhaltefolie bedecken, sodass er dicht ist. Die Seiten des Tortenrings von innen mit Schokoladenfolie auslegen.

* Vanilleeis in groben Stücken auf den Boden in den Tortenring geben und verstreichen. Einen etwa 2 cm hohen Rand ziehen, sodass eine Mulde entsteht. Gefrorene Beeren mit 3 EL Vanilleeis vermischen, in die Mulde geben und glatt streichen. Den Baiser-Kreis auf die Beerenschicht geben und mit Beereneis bedecken. Die Eistorte für mindestens 4 Stunden im Tiefkühlschrank kalt stellen.

**Sahnecreme**
* Mascarpone mit etwas Sahne verrühren. Nach und nach die restliche Sahne hinzugeben und zu einer festen Schlagsahne schlagen.

* Den Tortenring und die Schokoladenfolie von der gekühlten Torte lösen. Die Seiten der Eistorte mit etwas Sahnecreme bedecken und die Baiser-Streifen rundherum anbringen. Die restliche Creme in einen Spritzbeutel mit Saint-Honoré-Tülle füllen und auf die Eistorte spritzen. Mit restlichem Baiser und gefrorenen Beeren dekorieren.

# Bûche de Noël
## aux marrons

*Für 6–8 Personen*

**Biskuitboden**
- 3 Eier (Größe M)
- 90 g Zucker
- 1 TL Vanilleextrakt
- 90 g Weizenmehl (Type 405)
- 2 EL Backkakao

**Ganache**
- 100 g Zartbitterschokolade (66 % Kakaogehalt)
- 200 g Sahne

**Sahnecreme**
- 90 g Mascarpone
- 150 ml Sahne
- ½ TL Vanilleextrakt

**Außerdem**
- kandierte Maronen

**Biskuitboden**

* Eier trennen. Eiweiße steif schlagen und Zucker einrühren, bis der Eischnee glänzend und fest ist. Vorsichtig Eigelbe, Vanilleextrakt, Mehl und Backkakao unterheben. Den Teig auf ein mit Backpapier ausgelegtes Backblech geben und verteilen.

* Im vorgeheizten Backofen bei 180 °C (Umluft) 12 Minuten backen.

* Den Biskuit aus dem Ofen nehmen und mit einem feuchten Tuch bedecken. Das Backpapier am Biskuitboden lassen und an der langen Seiten aufrollen. Beiseitestellen und abkühlen lassen.

**Ganache**

* Zartbitterschokolade in 150 g Sahne schmelzen und im Kühlschrank abkühlen lassen. Die restliche Sahne hinzugeben und alles cremig schlagen.

**Sahnecreme**

* Mascarpone mit etwas Sahne verrühren. Nach und nach die restliche Sahne sowie den Vanilleextrakt hinzugeben und zu einer festen Schlagsahne schlagen.

* Den abgekühlten Biskuitboden ausrollen, Tuch und Backpapier entfernen. Die Sahnecreme auf den Biskuit geben und verstreichen. Kandierte Maronen darauf verteilen. Den Biskuitboden zusammenrollen und mit Ganache einstreichen.

* Um den Biskuit dann als Baumstamm zu dekorieren, die zwei Enden der Biskuitrolle abschneiden. Ein Stück an der Seite der Rolle platzieren, das andere oben auf der Biskuitrolle. Mit einer Gabel ein Holz- beziehungsweise Rindenmuster in die Ganache zeichnen.

# King Cake

## Kuchen zum Dreikönigsfest

*Für 8–10 Personen*

**Brioche-Teig**
- 500 g Weizenmehl (Type 405)
- 60 g Zucker
- 1 Ei (Größe M)
- 1 TL Vanilleextrakt
- 30 g frische Hefe
- 230 ml Milch
- 20 ml Orangenblütenwasser
- 60 g kalte Butter

**Füllung**
- 200 g Erdnusscreme
- 1 TL gemahlener Zimt
- 1 Prise gemahlene Muskatnuss
- Zesten von 1 unbehandelten Zitrone
- 60 g weiche Butter
- 70 g Rosinen (in Rum oder Tee aufgeweicht; optional)

**Glasur**
- 100 g Puderzucker
- etwas Milch
- Lebensmittelfarbe (Lila, Grün, Gelb)

**Accessoire**
- 1 Fève (Porzellanfigur)

**Brioche-Teig**

* Mehl, Zucker, Ei und Vanilleextrakt in eine Schüssel geben. Hefe in Milch und Orangenblütenwasser lösen und hinzugeben. Den Teig in einer Küchenmaschine mit Knethaken kneten lassen. Butter in kleinen Stückchen hinzugeben und für 5–8 Minuten weiterkneten, bis sich der Teig vom Schüsselrand löst. Den Teig zu einer Kugel formen und 1 Stunde gehen lassen, bis sich das Volumen verdoppelt hat.

**Füllung**

* Erdnusscreme mit Zimt, Muskatnuss und Zitronenzesten vermischen. Butter hinzugeben und alles cremig rühren.

* Den Teig auf einer bemehlten Arbeitsfläche zu einem Rechteck ausrollen. Die Creme auf dem ausgerollten Teig verstreichen, die Fève darauflegen. Optional mit Rosinen bestreuen. Den Teig der Länge nach aufrollen. Die Rolle der Länge nach halbieren. Die so entstanden Stränge abwechselnd übereinanderlegen und zu einem Ring formen.

* Ein Backblech mit 800 ml Wasser befüllen und auf die unterste Schiene des Backofens geben. Den Kuchen auf einem mit Backpapier ausgelegten Backblech in der Mitte des Backofens platzieren und bei 180 °C (Umluft) 30–35 Minuten backen. Den Kuchen abkühlen lassen.

**Glasur**

* Puderzucker in 3 Schälchen aufteilen. Mit etwas Milch zu einem Zuckerguss vermischen und jeweils eine Lebensmittelfarbe einrühren. Den Kuchen mit dem bunten Zuckerguss verzieren.

**Tipp**

* Dieser französische Kuchen aus New-Orleans sollte je nach Farbe (violett, grün und golden) für das neue Jahr Liebe, Glück und Geld bringen, besonders für die Person, die die Fève in Form einer kleinen Jesus-Figur bekommt.

# Galette des Rois

*Runde Backform, Durchmesser: 20 cm; Quiche-Ring, Durchmesser: 24 cm*
*Für 6–8 Personen*

**Füllung**
- 500 ml Wasser
- 40 g Zucker
- 1 Prise Salz
- 170 g Äpfel

**Creme**
- 100 g weiche Butter
- 30 g Zucker
- 100 g Mandelmehl
- 1 TL Vanilleextrakt
- 1 Ei (Größe M)
- 150 g Apfelkompott

**Boden**
- 2 Blätterteigrollen
- 1 EL Milch zum Bepinseln

**Accessoire**
- 1 Fève (Porzellanfigur)

**Füllung**

* Wasser, Zucker und Salz in einem Topf zum Kochen bringen. Äpfel schälen, vierteln und in den Topf zum Sirup geben. Köcheln lassen, bis die Äpfel weich sind.

**Creme**

* Butter, Zucker, Mandelmehl, Vanilleextrakt und Ei cremig schlagen. Apfelkompott hinzugeben und einrühren. Die Creme in eine mit Frischhaltefolie ausgelegte Backform füllen und glatt streichen und die Fève darauf platzieren.

* Die Äpfel aus dem Sirup nehmen, leicht abtrocknen und auf die Creme legen. Mit Frischhaltefolie zudecken und mindestens 1 Stunde im Tiefkühlschrank kalt stellen.

**Boden**

* Blätterteige ausrollen. Zwei Kreise (Durchmesser: 24 cm) ausschneiden, hierzu den Tortenring als Schablone verwenden. Einen der Kreise auf ein mit Backpapier ausgelegtes Backblech legen.

* Die gefrorene Creme von der Frischhaltefolie lösen und mittig auf dem Blätterteigkreis platzieren. Den Rand des Kreises mit Milch bepinseln.

* Mit einem Messer ein Muster in den zweiten Kreis zeichnen und kleine Löcher in den Teig stechen. Den Blätterteigkreis auf der Creme platzieren. Die Ränder leicht andrücken, sauber abschneiden und mit einer Gabel eindrücken.

* Die Galette mit Milch bepinseln und bei 180 °C (Umluft) 40–45 Minuten backen.

**Tipps**

* Die Galettes des Rois sind sehr beliebt bei Kindern in Frankreich. Kein Wunder: Wer die Fève (Porzellanfigur) bekommt, wird Königin oder König für diesen Tag und erhält die passende Krone dazu !

* Falls die Füllung nicht gefroren war, reduziert sich die Backzeit der Galette auf 30 Minuten.

# KOCHEN UND BACKEN MIT AURÉLIE BASTIAN!

978-3-517-09533-2

978-3-517-09793-0

978-3-517-10089-0

978-3-517-10262-7

978-3-517-10261-0

# Impressum



Hinweis: Die Ratschläge/Informationen in diesem Buch sind von Autorin und Verlag sorgfältig erwogen und geprüft, dennoch kann eine Garantie nicht übernommen werden. Eine Haftung der Autorin beziehungsweise des Verlags und seiner Beauftragten für Personen-, Sach- und Vermögensschäden ist ausgeschlossen.

Projektleitung: Dr. Harald Kämmerer, Anne Pott
Rezepttexte: Aurélie Bastian, www.franzoesischkochen.de
Textredaktion: Susanne Schneider, Anne Pott
Alle Fotos sind von Aurélie Bastian, außer: Cover und Porträt auf Seite 11 von Chr. M. Weiß, München
Umschlaggestaltung, Innenlayout, Satz: OH, JA! (www.oh-ja.com)
Herstellung: Karin Herres
Reproduktion: Regg Media, München
Druck & Bindung: Firmengruppe Appl, aprinta druck, Wemding

Printed in Germany
Penguin Random House Verlagsgruppe FSC® N001967

MIX
Papier | Fördert gute Waldnutzung
FSC® C004592

ISBN 978-3-517-10268-9